Detox
Das Rezeptbuch

Über die Autorin

Marie Gründel studierte Ernährungswissenschaften an der Justus-Liebig-Universität Gießen. Anschließend arbeitete sie mehrere Jahre in einem führenden deutschen Ratgeberverlag. Heute ist sie als Fachjournalistin für Gesundheits- und Genussthemen tätig.

Wichtiger Hinweis

Alle Angaben, Ratschläge und Tipps in diesem Buch wurden nach dem aktuellen Wissensstand sorgfältig erarbeitet. Dennoch erfolgen alle Angaben ohne Gewähr. Verlag und Autoren haften nicht für eventuelle Nachteile und Schäden, die aus den im Buch gemachten praktischen Hinweisen resultieren. Die in diesem Buch enthaltenen Ratschläge ersetzen nicht die Untersuchung und Betreuung durch einen Arzt.

Detox
Das Rezeptbuch

Inhalt

Einleitung — 6

Frühstück — 18
Der perfekte Start in den Tag

Mittagessen — 40
Powerfood für die Mittagspause

Nachmittagssnack — 64
Vitaminbomben für zwischendurch

Abendessen　　　　　　　　　　　　　　　　　　88
Wellnessgerichte für abends

Getränke　　　　　　　　　　　　　　　　　　　114
Entschlackungstees & Co.

Detox-Wochenplan　　　　　　　　　　　　　　124
Beispiel-Detoxplan für 1 Woche

Rezeptverzeichnis　　　　　　　　　　　　　　　126

Hinweise zum Buch　　　　　　　　　　　　　　128

Einleitung

Detox
Wellness für Körper und Seele

„Detox" stammt von dem englischen Wort „Detoxify" und bedeutet wörtlich übersetzt „Entgiften". Unser Körper verfügt mit Leber, Nieren & Co. über ausgeklügelte Mechanismen, um Giftstoffe zu entsorgen und entgiftet selbstständig und automatisch jeden Tag, jede Minute. Daher werden Detox-Programme in der Wissenschaft mitunter kritisch betrachtet. Doch versteht man Detox nicht im strengen Sinne als „Entgiften", sondern im Sinne von Pflegen, Schlechtes weglassen, dem Körper Gutes tun, dann ist es unbestreitbar eine wertvolle Anwendung. Denn Detox bedeutet Pause für den Körper: Pause vom Alltagsstress, vom hektischen Nebenbei-Essen, von Fertiggerichten, von Zucker, Weizen und weiteren Nahrungsmitteln, die dem Körper nicht gut tun. Und stattdessen den Körper verwöhnen, mit besonders gesunden Lebensmitteln, mit Ruhe und Achtsamkeit. Und nebenbei hilft Detox dabei Schad- und Giftstoffe noch effizienter aus dem Körper zu leiten.

Gifte und Schadstoffe

Giftige Substanzen und Schadstoffe sind ständige und zum Teil unausweichliche Begleiter unseres Alltags, gegen die sich unser Körper täglich zur Wehr setzen muss. Inwieweit diese Substanzen unserer Gesundheit schaden, hängt letztendlich von ihrer Menge und Konzentration ab. Schon Paracelsus wusste: „Alle Ding' sind Gift und nichts ohn' Gift; allein die Dosis macht, das ein Ding' kein Gift ist."

Schadstoffe in Lebensmitteln
Nicht nur in Fertiglebensmitteln können sich Gifte verstecken. Auch in frischen Lebensmitteln wie Obst und Gemüse finden sich immer wieder Pestizidrückstände. Fleisch von Tieren aus Massentierhaltung ist häufig mit Hormonen und Antibiotikarückständen belastet. Über die Nahrung gelangen diese ungesunden Stoffe in den menschlichen Körper und lagern sich dort ein. Um die

Schadstoffzufuhr zu reduzieren, sollten Sie daher generell auf Fertiggerichte verzichten und Lebensmittel aus biologischem Anbau bevorzugen.

Gifte im Alltag

Auch im sonstigen Alltag werden wir täglich mit giftigen Substanzen konfrontiert. Umweltgifte finden sich etwa in Plastikverpackungen, aus denen sich chemische Substanzen lösen und im Körper und in den Organen anreichern können. Aber auch Kosmetika, elektronische Geräte und Fertiglebensmittel können gesundheitsschädliche Stoffe beinhalten, die in den Hormonhaushalt eingreifen und zu Stoffwechselstörungen und Schilddrüsenerkrankungen führen können. Um die Belastung durch Umweltgifte etwas zu reduzieren, verzichten Sie nach Möglichkeit auf Plastikverpackungen und Haushaltsgegenstände aus Plastik. Damit tun Sie nicht nur Ihrer Gesundheit, sondern auch der Umwelt etwas Gutes.

Kein Gift und trotzdem nicht immer gesund

Bestimmte Lebensmittel wirken, in großen Mengen genossen, gesundheitsschädlich. Zucker gehört beispielsweise dazu. Dieser verursacht nicht nur Karies. Wird die Bauchspeicheldrüse ständig mit hoher Zuckerzufuhr belastet, kann dadurch Diabetes mellitus (Zuckerkrankheit) entstehen. Außerdem steigt durch die hohe Zuckerzufuhr der Heißhunger, was leicht zu Übergewicht und Folgeschäden für Gelenke und das Herz-Kreislauf-System führen kann. Zucker wird von der Nahrungsmittelindustrie häufig eingesetzt – gerne auch unter anderem Namen. Vorsicht ist geboten bei allen Zutaten, die auf -ose oder -sirup enden wie z. B. Glukose, Fruktose, Laktose, Dextrose, Invertzuckersirup oder Maltosesirup. Und

auch hinter Maltodextrin und natürlicher Fruchtsüße versteckt sich Zucker.

Auch Weizen steht bei Ernährungsfachleuten seit einiger Zeit auf der schwarzen Liste, da dieses ebenfalls zu hohen Blutzuckerspitzen mit den zuvor genannten Folgen führt. Durch den hohen Züchtungsgrad des heutigen Weizens, aber auch durch den Einsatz von Gluten (Weizenkleber) in immer mehr Fertiglebensmitteln, reagieren mittlerweile viele Menschen mit Unverträglichkeiten auf Weizen oder Weizenkleber. Das reicht von Blähbauch über Bauchkrämpfe bis hin zur Autoimmunerkrankung Zöliakie mit Folge einer Malabsorption, also der schlechteren Aufnahmefähigkeit von Nährstoffen. Weizen und Gluten finden sich in zahlreichen Produkten, auch dort, wo man es nicht vermutet, wie z. B. in Bier, Ketchup, Gewürzmischungen, Pommes, Chips, Frischkäsezubereitungen, Wurst, Gummibärchen, Kaugummi, Pudding, Schokolade, Fertiggerichten, Brühen, Dosen- und Tütensuppen.

Was bewirkt Detox?

Eine Detox-Kur ist eine willkommene Auszeit, während der Sie sich mit Dingen beschäftigen können, die Ihnen wichtig sind, die im Alltag aber immer wieder zu kurz kommen. Sie können sich und Ihren Körper verwöhnen und stärken. Detox bedeutet einen achtsamen Umgang mit Ihrer Nahrung, Zeit nehmen fürs Essen zubereiten und genießen, Ihren Körper mit vielen Nähr- und Vitalstoffen zu versorgen und ihn bei seiner täglichen Entgiftungsarbeit zu unterstützen.

Positive Detox-Effekte
- Stärkung des Immunsystems
- Förderung der Nierenleistung
- Positive Wirkung auf die Haut
- Unterstützung des Flüssigkeitshaushalts
- Regeneration des Darms
- Versorgung des Körpers mit reichlich Nährstoffen
- Anregung des Stoffwechsels
- Entlastung von Körper und Seele

Welche Beschwerden werden gelindert?
Menschen, die mit einer Detox-Kur beginnen, klagen häufig darüber, dass sie sich müde und schlapp fühlen. Oft ernähren sie sich einseitig, Essen muss schnell gehen und „passiert" nebenbei, weil sie gestresst sind oder viel zu tun haben. Viele haben Verdauungsprobleme, Bauchschmerzen, einen Blähbauch, Völlegefühl, einige leiden auch unter Verstopfung oder Durchfall.

Eine Detox-Kur kann bei diesen Beschwerden Wunder wirken. Allein aufgrund der Tatsache, dass dem Essen plötzlich wieder Zeit eingeräumt wird, werden Verdauungsprobleme gelindert. Denn achtsames, bewusstes und langsames Essen bewirkt, dass weniger Luft beim Kauen bzw. Schlingen geschluckt wird. Das reduziert einen Blähbauch bereits merklich. Auch führt achtsames Essen zur Reduktion von Stress. Stresshormone im Blut werden abgebaut und der Hormonhaushalt balanciert sich aus. Dadurch können Folgeerscheinungen wie Durchfall oder Verstopfung verschwinden.

Detox: So geht's

Es gibt verschiedene Wege und Möglichkeiten, um den Körper zu entlasten und zu „detoxen". Manche sehen das Trinken von Smoothies und Säften vor; es gibt das klassische Fasten bei dem nur Tee, Wasser und Brühe auf dem Speiseplan stehen und manche Detox-Kuren erlauben gar leichte Mahlzeiten. Sicherlich ist unter fachlicher Anleitung jeder Weg für eine begrenzte Zeit wohltuend. Wichtig dabei ist das begleitende, leichte Sportprogramm, vor allem beim klassischen Fasten. Denn sind erstmal die Glykogenspeicher aus Muskeln und Leber nach 24 Stunden geleert, beginnt der Körper Energie aus Muskeleiweiß zu gewinnen. Ein begleitendes, leichtes Ausdauerprogramm kann diesen Muskelabbau etwas verlangsamen. Doch auch bei den anderen Detox-Arten ist leichte körperliche Betätigung eine sinnvolle Ergänzung des Ernährungsplans.

Vollwertige Mahlzeiten und Superfoods

Auf den folgenden Seiten finden Sie ein Detox-Programm mit vollwertigen Mahlzeiten, angereichert mit Vitalstoffen und Superfoods. Es handelt sich also nicht um ein Fastenprogramm im strengen Sinne, sondern um eine bewusste und gesunde Ernährungsumstellung, bei der auf bestimmte Lebensmittel verzichtet wird. Das Programm können Sie als Einstieg nutzen, um eine Woche lang Ihrem Körper Gutes zu tun und zu entgiften. Wenn es Ihnen gefällt können Sie aber auch ohne Bedenken Ihre Ernährung vollständig umstellen und dauerhaft nach den Regeln essen. Das unterscheidet dieses Programm von anderen: Sie können es dauerhaft anwenden ohne sich dabei zu schaden. Im Gegenteil – Sie tun sich und Ihrem Körper sogar einen Gefallen. Es gibt bestimmte Lebensmittel, die tun Ihrem Körper nicht gut, die fallen in diesem Detox-Programm weg. Es gibt andere Lebensmittel, die tun Ihnen besonders gut, diese sind in dieses Programm eingearbeitet. Außerdem sind in vielen Rezepten sogenannte Superfoods integriert. Superfoods sind Lebensmittel, die einen besonders hohen Anteil an Nähr- und Vitalstoffen wie Vitamine, Mineralien, Ballaststoffe oder Antioxidanzien haben und dadurch aus der Reihe der „normalen" Lebensmittel herausstechen. Superfoods sind sozusagen das i-Tüpfelchen der gesunden Ernährung.

Detox: Die Regeln

Wer detoxen möchte, muss nur ein paar wenige Regeln beachten und schon geht's los. Vielleicht nehmen Sie sich an einem Wochenende vor, gemütlich zu beginnen. Oder Sie nehmen sich sogar eine Woche Urlaub, schalten den Alltagsstress aus und gönnen sich, Ihrem Körper und Ihrer Seele einfach mal eine Pause. Egal, für welche Vorgehensweise Sie sich entscheiden, sollten Sie Folgendes beachten:

Viel trinken. Der Mensch besteht zu etwa 60 % aus Wasser. 2,5 Liter Flüssigkeit braucht der Körper täglich, um den Alltag zu bewältigen, an heißen Tagen oder nach anstrengenden Workouts noch mehr. Im Wasser werden Schad- und Giftstoffe sowie andere unerwünschte Substanzen gelöst, die der Körper ausschwemmen möchte. Daher ist es in einer Detox-Phase besonders wichtig viel zu Trinken, damit der Körper alles Unerwünschte über den Wasserweg entsorgen kann. Als Getränke empfehlenswert sind ungesüßte Tees und Wasser. Anregungen dafür finden Sie im Kapitel „Getränke".

Frische Zutaten. Die Rezepte für die Detox-Kur bestehen zu einem Großteil aus frischen Lebensmitteln. Frische Lebensmittel haben einen hohen Anteil an Vitaminen und Mineralstoffen. Während der Lagerung geht der Gehalt an Nährstoffen immer weiter zurück. Daher kaufen Sie Obst und Gemüse am besten immer ganz frisch. Also: Bitte kein großer Wocheneinkauf, sondern lieber 2–3 kleine Einkäufe. Doch auch der Supermarkt lagert Lebensmittel. Vielleicht kriegen Sie heraus, wann Ihr Supermarkt mit frischer Ware beliefert wird und gehen genau an diesem Tag einkaufen. Oder Sie kaufen auf dem Markt beim regionalen Bauern oder im Hofladen ein.

Ursprüngliche Lebensmittel. Kennen Sie den Gravensteiner Apfel? Oder die Tomatensorte Ruthje? Es gibt viele alte Obst- und Gemüsesorten, die nicht überzüchtet, sondern naturbelassen sind. Das merkt man an ihrem Erscheinungsbild, das nicht immer prall und glänzend daherkommt, aber auch am intensiven Geschmack. Außerdem besitzen sie mehr Nährstoffe und vor allem sekundäre Pflanzenstoffe als ihre überzüchteten Kollegen. Gurken beispielsweise müssen nicht nur nach Wasser schmecken. Gurken haben ein feines Aroma, manche Sorten schmecken sogar etwas nussig. Probieren Sie es einfach mal aus. Alte Sorten finden Sie am ehesten auf dem Markt oder in Hofläden.

Viele Ballaststoffe. Ballaststoffe sind Nahrungsbestandteile, die der Körper nicht oder nur eingeschränkt verdauen kann. Dennoch sind sie sehr wichtig für die Gesundheit. Denn Ballaststoffe bringen die Verdauung in Schwung (genug trinken) und schleusen so Schadstoffe schneller aus dem Körper. Sie dienen den „guten" Darmbakterien als Nahrungsquelle und sorgen so für eine gesunde Darmflora, die das Wachstum schädlicher Bakterien hemmt. Außerdem können sie krebserregende Stoffe an sich binden und so aus dem Körper schleusen. Leider hat der Verzehr von ballaststoffreichen Zutaten oft eine unangenehme Begleiterscheinung: Flatulenzen. Das liegt daran, dass Ballaststoffe von den Bakterien zersetzt werden und dabei Gase freigesetzt werden. Doch nur so können die guten Darmbakterien überleben. Ballaststoffe sind daher zu jeder Mahlzeit ein wichtiger Baustein in unseren Rezepten. Falls Sie Probleme damit haben sollten, wählen Sie fürs Abendessen besser ein ballaststoffärmeres, leichter verdauliches Gericht aus. Ballaststoffe stecken beispielsweise in Getreide- und Vollkornprodukten, Leinsamen, Obst und Gemüse.

Auf Eiweiß achten. Eiweiß stärkt das Immunsystem und sorgt in der Darmflora für eine gute Bakterienbesiedelung. Außerdem macht Eiweiß lange satt. Doch muss dies nicht immer nur aus Fleisch, Eiern und Milchprodukten stammen. Hülsenfrüchte wie Kichererbsen und Linsen, aber auch Tofu, Erdnüsse und Mandeln sind hervorragende Eiweißspender. Am besten kombinieren Sie verschiedene Eiweißquellen miteinander, zum Beispiel Eier und Kartoffeln, das wird dann noch besser vom Körper aufgenommen.

Gute Fette. Als gute Fette werden ungesättigte Fettsäuren bezeichnet. Vor allem Omega-3- und Omega-6-Fettsäuren stehen im Dienst der Gesundheit, sie bilden die Ausgangssubstanz für die Herstellung weiterer Fettsäuren und erfüllen als Bestandteil von Netzhaut und Zellwänden wichtige Funktionen im Körper. Fette helfen dem Körper überdies fettlösliche Vitamine aufzunehmen. Entscheidend ist eine günstige Relation von Omega-3- zu Omega-6-Fettsäuren, die sich vor allem in Lein-, Raps- und Walnussöl findet, aber auch Olivenöl ist eine gute und empfehlenswerte Alternative.

Kein Weizen. Weizen ist nicht mehr das, was er früher mal war. Gezüchtet auf immer höheren Ertrag verursacht er bei vielen Menschen Bauchbeschwerden bis hin zu Krämpfen, Unverträglichkeiten und Intoleranzen. Dinkel und andere Getreide sind nicht so hoch gezüchtet und meist besser verträglich. Weizen steht im Verdacht Entzündungen im Körper auszulösen und er bewirkt, ebenso wie Zucker, starke Insulinschwankungen. Daher bleibt Weizen während der Detoxzeit im Schrank.

Wenig Salz. Wir essen zu viel Salz. In Zahlen heißt das: 6–9 Gramm Salz pro Tag, obwohl nur 3–5 Gramm empfehlenswert sind. Salz steckt in Fertiggerichten, Käse, Wurst, Brot, Brotaufstrichen, Salatdressings, im Nudelwasser, auf dem Frühstücksei ... Das führt zu erhöhtem Blutdruck mit Folgeerkrankungen wie Herz-Kreislauf-Beschwerden. Aber Salz schädigt den Körper nicht nur über erhöhten Blutdruck, sondern auch auf Zellebene, wo es zu Arteriosklerose kommt. Außerdem bindet Salz Wasser im Körper. Das Wasser soll aber in der Detox-Phase fließen und alles ausschwemmen, was der Körper nicht mehr braucht. Daher steht Salz nur in kleinen Mengen auf dem Detox-Plan.

Wenig Koffein. Das Koffein im Kaffee kann süchtig machen. Fällt der Kaffee weg, kann das mit Kopfschmerzen einhergehen. Da Kaffee aber auch positive Eigenschaften hat – beispielsweise schützt er die Leber – dürfen 1–2 Tassen Kaffee am Tag ohne Zucker getrunken werden. Mehr sollten es aber nicht sein und auf koffeinhaltige Soft-Getränke wie Cola oder Energy-Drinks sollte gänzlich verzichtet werden.

Obst und Gemüse immer mal wieder roh zu genießen. Dadurch führt man seinem Körper einen Frischecocktail an Vitaminen und Mineralstoffen zu. Das Stück Obst als Snack oder Nachtisch, aber auch ein Smoothie oder ein Salat bieten sich dafür an.

Kein Alkohol. Alkohol ist ein Suchtmittel, das die Leber, aber auch das Herz, das Gehirn, die Bauchspeicheldrüse und weitere Organe schädigen kann. Daher wird in der Detoxzeit komplett auf Alkohol verzichtet.

Keine Fertiggerichte. Fertiggerichte enthalten häufig Zucker und Weizen sowie hohe Mengen Salz. Oft ebenfalls in Fertiggerichten verarbeitet sind Zusatzstoffe, Aromen, „schlechte" Fette und E-Nummern. Alles nicht gewünscht und daher in der Detoxzeit nicht dabei.

Kein weißer Haushaltszucker. Um Zucker abzubauen braucht der Körper Vitamin B1. Das braucht auch die Leber, die fürs Entgiften zuständig ist. Ohne weißen Haushaltszucker hat die Leber mehr Vitamin B1 zur Verfügung. Außerdem führt eine erhöhte Zuckerzufuhr zu unangenehmen Folgen wie starken Insulinschwankungen mit Heißhunger und Co. Deshalb wird während der Detoxzeit auf Haushaltszucker verzichtet. So kommt auch die Bauchspeicheldrüse etwas zur Ruhe. Der Körper bekommt während der Detoxzeit aber trotzdem Zucker, nur in Form von z. B. Obst oder Honig.

Regelmäßig Rohkost. Beim Garen von Obst und Gemüse gehen einige Inhaltsstoffe verloren. Einige Vitamine und Enzyme sind hitzeempfindlich und werden durchs Kochen zerstört. Daher ist es empfehlenswert

Detox-Booster

Einige Zutaten sind besonders wertvolle Detox-Helfer. Daher werden sie hier noch einmal vorgestellt. Es empfiehlt sich, diese Lebensmittel auch nach der Detox-Kur regelmäßig in den Ernährungsplan einzubauen.

Chia-Samen. Die als Gesundheitswunderwaffe gehandelten Samen gehören zu den sogenannten Superfoods, weil sie besonders viele wertvolle Inhaltsstoffe enthalten. Chia-Samen fördern die Verdauung, sind das pflanzliche Lebensmittel mit dem besten Omega-3-Fettsäure-Gehalt, sie liefern Eiweiß, Ballaststoffe, Eisen, Kalzium und Antioxidanzien.

Goji-Beeren. Die trendigen roten Beeren enthalten viele Vitalstoffe und Antioxidanzien. Sie wirken positiv auf das Immunsystem und die Darmflora. Außerdem haben Goji-Beeren einen hohen Gehalt an Vitamin C, das u. a. antioxidativ wirkt, die Zellen und das Immunsystem schützt und die Eisenaufnahme fördert.

Granatapfel. Die „Paradiesfrucht" wirkt regulierend auf den Blutzuckerspiegel, lindert Entzündungen und bringt die Verdauung auf Trab. Granatäpfel sind vollgepackt mit Polyphenolen. Sie enthalten bis zu 20 verschiedene davon – so viele wie in keinem anderen Lebensmittel – und wirken antioxidativ.

Grapefruit. Die Zitrusfrucht unterstützt den Fettstoffwechsel der Leber. Sie enthält viel Pektin, ein Ballaststoff, der die Verdauung unterstützt und den Cholesterinspiegel senkt. Die Bitterstoffe der Grapefruit wirken günstig auf Magen und Darm und der hohe Vitamin-C-Gehalt ist ein Schutzschild für Zellen und Immunsystem.

Cranberrys. Die Powerbeeren enthalten viele sekundäre Pflanzenstoffe, die die Zellen schützen und sich günstig auf Gefäße und das Herz-Kreislauf-System auswirken. Außerdem sind sie reich an Antioxidanzien und haben positive Effekte auf die Blasenfunktion.

Chili. Der Scharfmacher in der Chilischote heißt Capsaicin. Dieser Stoff sorgt für eine laufende Nase und tränende Augen. Gleichzeitig wird die Durchblutung angeregt, die Entgiftung unterstützt und Glückshormone produziert.

Ingwer. Die scharfe Knolle wirkt entzündungshemmend und fördert die Durchblutung. Außerdem wirkt Ingwer Übelkeit entgegen, lindert Schmerzen und fördert die Verdauung. Ingwer schmeckt als kühlendes Ingwerwasser oder als wärmender Ingwertee, aber auch als Gewürz in herzhaften Gerichten.

Der Detox-Wochenplan

Auf S. 124/125 finden Sie einen Wochenplan, der Ihnen beispielhaft zeigt, wie Sie die Rezepte in Ihrer Detox-Woche kombinieren können. Natürlich können Sie die Rezepte nach Belieben austauschen. Sie finden den Kokos-Dinkelgrieß mit Blaubeeren zum Frühstück so lecker und möchten ihn am liebsten jeden Tag essen? Dann machen Sie das einfach. Kombinieren Sie die Rezepte so, wie es Ihnen gut tut und schmeckt.

Eine Detox-Kur dauert in der Regel eine Woche, manchmal auch 10 Tage. Sie können natürlich auch erst einmal mit einem Detox-Wochenende beginnen. Auch dieser Detox-Quickie wird Ihnen gut tun. Ihr Körper benötigt allerdings eine gewisse Zeit, um sich an die neue Ernährung zu gewöhnen, weshalb eine einwöchige Kur empfehlenswert ist. Als Begleiterscheinungen können zu Beginn Kopfschmerzen, Müdigkeit und in einigen Fällen auch Hautunreinheiten auftreten. Das liegt daran, dass der Körper sich umstellen muss. Plötzlich fehlen die gewohnten Mengen Koffein und Zucker. Außerdem werden vermehrt Schadstoffe ausgeschieden. Doch schon nach wenigen Tagen wird der Körper sich an die neue Situation gewöhnt haben und die Symptome verschwinden. Besser noch: Sie fühlen sich wahrscheinlich sogar energiegeladen, glücklich und gut.

 Wir wünschen Ihnen eine erfolgreiche und genussvolle Detoxzeit!

Frühstück

Der perfekte Start in den Tag

Kokos-Dinkelgrieß
mit Blaubeeren

Für 2 Portionen
400 ml ungesüßte Kokosmilch
3 El Dinkelgrieß
100 g Blaubeeren
2 Tl Agavendicksaft nach Belieben
2 Tl Kokosflocken

Zubereitungszeit: ca. 15 Minuten
Pro Portion ca. 120 kcal/502 kJ
3 g E, 3 g F, 20 g KH

Kokosmilch in einem Topf aufkochen lassen. Dinkelgrieß einrühren und die Hitze reduzieren. 5 Minuten köcheln lassen, dann vom Herd nehmen und 10 Minuten abgedeckt quellen lassen.

Blaubeeren vorsichtig waschen und trocken tupfen. Den Grießbrei auf zwei Schüsseln verteilen. Nach Belieben zum Süßen etwas Agavendicksaft unterrühren. Mit Blaubeeren und Kokosflocken bestreut servieren.

Detox-Effekt:
Beeren sind reich an Antioxidanzien. Diese schützen die Körperzellen vor freien Radikalen, die die Entstehung verschiedenster Krankheiten wie Bluthochdruck, Demenz bis hin zu Krebs begünstigen.

Mango-Müsli
mit Cranberrys

Für 2 Portionen
3 Tl getrocknete Cranberrys
1 kleine Mango
4 El Erdmandelflocken
(Chufas-Nüssli)
2 El Haferflocken
150 ml Mangosaft

Zubereitungszeit: ca. 10 Minuten
Pro Portion ca. 220 kcal/921 kJ
3 g E, 6 g F, 35 g KH

Die Cranberrys nach Belieben klein hacken. Mango schälen, vom Kern lösen und das Fruchtfleisch klein würfeln. Beides mit den Erdmandelflocken, den Haferflocken und dem Mangosaft mischen und servieren.

 Detox-Effekt:
Erdmandeln sind reich an verschiedenen Nährstoffen, darunter Zink, welches das Immunsystem, die Wundheilung sowie die Zellerneuerung unterstützt.

Birnen-Buttermilch
mit Ingwer

Für 2 Portionen
4 reife Birnen
2 Saftorangen
600 ml Buttermilch
2 Msp. gemahlener Ingwer

Zubereitungszeit: ca. 10 Minuten
Pro Portion ca. 300 kcal/1256 kJ
12 g E, 3 g F, 55 g KH

Birnen waschen, vierteln, entkernen und das Fruchtfleisch in Stücke schneiden. Die Orangen halbieren und auspressen.

Birnenstücke, Orangensaft, Buttermilch und Ingwer in einen Mixer geben und alles zu einer homogenen Masse vermischen (alternativ mit einem Pürierstab glatt pürieren).

Detox-Effekt:
Flüssigmahlzeiten nehmen dem Verdauungstrakt Arbeit ab – so kann die Energie ins Entgiften fließen. Ingwer wirkt entzündungshemmend und fördert die Durchblutung.

Mandel-Chia-Pudding
mit Apfelwürfeln

Für 2 Portionen
1 Vanilleschote
3 El Chia-Samen
200 ml ungesüßte Mandelmilch
2 El weißes Mandelmus
2 süße, reife Äpfel
50 g geschälte Mandeln

Zubereitungszeit: ca. 25 Minuten
(plus Einweichzeit)
Pro Portion ca. 330 kcal/1382 kJ
9 g E, 22 g F, 25 g KH

Vanilleschote längs aufschlitzen und mit einem Messer das Mark herauskratzen. Chia-Samen mit Vanillemark, Mandelmilch und Mandelmus in eine Schüssel geben, gut vermischen, dann im Kühlschrank mindestens eine Stunde, am besten über Nacht, einweichen lassen. Für einen festen Pudding weniger Flüssigkeit, für einen weicheren Pudding mehr Flüssigkeit zugeben.

Die Äpfel waschen, entkernen und würfeln. Mandeln in einer Pfanne ohne Fett goldbraun anrösten. Apfelwürfel und Mandeln über den Pudding geben und servieren.

Detox-Effekt:
Vanille steigert die Produktion des Glückshormons Serotonin und lindert Stress.

Beerenjoghurt
mit Nüssen

Für 2 Portionen
1 El Macadamianüsse
1 El Cashewkerne
150 g frische Beeren nach Saison und Wahl, z. B. Brombeeren, schwarze Johannisbeeren, Heidelbeeren oder Himbeeren (alternativ TK-Beerenmischung)
400 g Naturjoghurt (3,5 % Fett)
1 Tl Agavendicksaft nach Belieben

Zubereitungszeit: ca. 15 Minuten
Pro Portion ca. 240 kcal/1005 kJ
10 g E, 14 g F, 16 g KH

Macadamianüsse und Cashewkerne klein hacken. Frische Beeren vorsichtig waschen und trocken tupfen (TK-Beeren auftauen).

Den Joghurt auf Gläser oder Schälchen verteilen. Nach Belieben mit Agavendicksaft süßen. Nüsse und Beeren auf dem Joghurt verteilen.

Detox-Effekt:

Beeren sind reich an Antioxidanzien. Diese schützen die Körperzellen vor freien Radikalen, die die Entstehung verschiedenster Krankheiten wie Bluthochdruck, Demenz bis hin zu Krebs begünstigen.

Bunter Obstsalat

Für 2 Portionen
2 El Pinienkerne
½ Ananas
3 Kiwis
2 Orangen
1 pinke Grapefruit
6 Blätter Minze
Kerne von ½ Granatapfel

Zubereitungszeit: ca. 40 Minuten
Pro Portion ca. 390 kcal/1632 kJ
7 g E, 7 g F, 66 g KH

Pinienkerne in einer Pfanne ohne Fett goldbraun rösten, dann beiseitestellen. Ananashälfte schälen, längs halbieren und den holzartigen Mittelstrunk herausschneiden. Das Fruchtfleisch in Stücke schneiden.

Kiwis schälen und putzen, dann halbieren und quer in Scheiben schneiden. Orangen und Grapefruit schälen und jeweils die Filets herausschneiden, dabei den Saft auffangen. Grapefruitfilets nach Belieben in kleinere Stücke schneiden. Minze waschen, trocken tupfen und in feine Streifen schneiden.

Das Obst auf zwei Schüsseln verteilen und den aufgefangenen Saft darüber geben. Mit Minze, Pinienkernen und Granatapfelkernen bestreut servieren.

Detox-Effekt:
Grapefruit unterstützt den Fettstoffwechsel der Leber. Granatapfel wirkt entzündungslindernd. Ananas wirkt Übersäuerung entgegen und hilft beim Entschlacken.

Ananas-Kokos-Shake
mit Haferflocken

Für 2 Portionen
4 El Haferflocken
300 ml ungesüßte Sojamilch
100 ml ungesüßte Kokosmilch
½ Ananas
2 Bananen

Zubereitungszeit: ca. 10 Minuten
Pro Portion ca. 390 kcal/1632 kJ
10 g E, 5 g F, 73 g KH

Die Haferflocken in der Soja- und Kokosmilch einweichen. In der Zwischenzeit die Ananashälfte schälen, längs halbieren und den Mittelstrunk herausschneiden. Das Ananasfleisch grob würfeln. Die Banane schälen und in Stücke schneiden.

Haferflocken samt Milch, Ananaswürfel und Bananenstücke in einen Mixer geben und alles zu einem geschmeidigen Shake pürieren (alternativ einen Pürierstab verwenden). Bis zum Servieren kalt stellen.

Detox-Effekt:
Haferflocken und Bananen sind reich an Vitamin B6, das das Immunsystem unterstützt. Ananas wirkt einer Übersäuerung entgegen und hilft beim Entschlacken. Außerdem nehmen Flüssigmahlzeiten dem Verdauungstrakt Arbeit ab – so kann die Energie ins Entgiften fließen.

Orangen-Milchreis mit Cranberrys

Für 2 Portionen
2 unbehandelte Orangen
5 El Naturreis
400 ml Milch (3,5 % Fett)
1 Tl Zimt
2 Tl Honig
3 El getrocknete Cranberrys

Zubereitungszeit: ca. 50 Minuten
Pro Portion ca. 310 kcal/1298 kJ
10 g E, 8 g F, 48 g KH

Orangen heiß abwaschen. Orangenschale von einer Orange fein abreiben. Beide Orangen schälen und die Filets mit einem scharfen Messer herausschneiden, dabei den Saft auffangen.

Orangensaft und -schale, Reis und Milch in einen Topf geben und aufkochen, dann auf kleiner Flamme bei geschlossenem Deckel und unter gelegentlichem Rühren etwa 40 Minuten köcheln lassen. Zimt und Honig unterrühren. Den Milchreis mit Cranberrys und Orangenfilets servieren.

Detox-Effekt:

Die Kombination aus Zimt und Honig stärkt das Immunsystem. Cranberrys enthalten viele Antioxidanzien und wirken sich positiv auf die Blasenfunktion aus.

Haferporridge
mit Goji-Beeren

Für 2 Portionen
200 g Haferflocken
2 Tl Chia-Samen
400 ml Sojamilch
3 Tl getrocknete Goji-Beeren
3 Tl Kakaonibs
2 Tl Hanfsamen
ggf. 2 Tl Honig und
frische Beeren nach Belieben

Zubereitungszeit: ca. 5 Minuten
(plus Einweichzeit)
Pro Portion ca. 500 kcal/2093 kJ
22 g E, 12 g F, 74 g KH

Haferflocken und Chia-Samen mischen und auf zwei Gläser oder Schüsselchen verteilen. Jeweils mit 150 ml Sojamilch bedecken. Mindestens eine Stunde, am besten über Nacht, abgedeckt im Kühlschrank quellen lassen.

Die restliche Sojamilch dazugeben und untermischen. Mit Goji-Beeren, Kakaonibs und Hanfsamen bestreuen. Nach Saison und Belieben mit etwas Honig und frischen Beeren servieren.

Detox-Effekt:
Goji-Beeren enthalten sehr viele Antioxidanzien und andere sekundäre Pflanzenstoffe. Diese kurbeln die körpereigene Abwehr und Entgiftung an.

Amaranth-Brei mit Bratbananen

Für 2 Portionen
1 Vanilleschote
3 El Amaranth
Salz
2 El geschälte Mandeln
2 kleine Bananen
1 Tl Butter
150 ml Mandelmilch

Zubereitungszeit: ca. 35 Minuten
Pro Portion ca. 230 kcal/963 kJ
5 g E, 9 g F, 31 g KH

Vanilleschote längs aufschlitzen und mit einem Messer das Mark herauskratzen. Amaranth in einen Topf geben und mit der dreifachen Menge Wasser bedecken. Einmal aufkochen lassen, eine Prise Salz, Vanillemark und -schote zugeben und alles bei kleiner Hitze 30 Minuten garen und quellen lassen. Gegebenenfalls noch etwas Wasser nachgießen.

Inzwischen die Mandeln in einer Pfanne ohne Fett anrösten, bis sie aromatisch zu duften beginnen. Aus der Pfanne nehmen und abkühlen lassen, dann klein hacken. Bananen schälen und in Scheiben schneiden. Butter in einer Pfanne schmelzen, Bananenscheiben dazugeben und kurz anbraten.

Vanilleschote aus dem Amaranth entfernen. Diesen mit der Mandelmilch vermischen und auf zwei Schüsseln verteilen. Bananen und Mandeln darübergeben und servieren.

Detox-Effekt:

Vanille steigert die Produktion des Glückshormons Serotonin und lindert Stress. Amaranth ist reich an der essenziellen Aminosäure Lysin, die die Immunabwehr stärkt.

Tipp! Amaranth ist ein sogenanntes Pseudogetreide mit feinem, nussigem Geschmack.

Kokos-Quinoa mit Apfelraspeln

Für 2 Portionen
200 g Quinoa
600 ml ungesüßte Kokosmilch
1 Prise Salz
2 süße Äpfel, z. B. Jonagold
50 g Pekannüsse
1 Tl Zimt
2 Tl Honig

Zubereitungszeit: ca. 35 Minuten
Pro Portion ca. 650 kcal/2721 kJ
20 g E, 22 g F, 94 g KH

Quinoa in einem Sieb unter fließendem Wasser so lange spülen, bis das Wasser klar bleibt. In einem Topf die Kokosmilch zum Kochen bringen. Quinoa und Salz zugeben, einmal aufkochen lassen, dann die Hitze reduzieren und alles zugedeckt ca. 15 Minuten garen lassen.

Inzwischen die Äpfel waschen, entkernen und fein raspeln. Pekannüsse in einer Pfanne ohne Fett goldbraun anrösten, dann aus der Pfanne nehmen und beiseitestellen. Apfelraspel und Zimt unter den Quinoa mischen, dann vom Herd nehmen und 10 Minuten quellen lassen. Zum Servieren mit Pekannüssen bestreuen und mit Honig beträufeln.

Detox-Effekt:
Die Kombination aus Zimt und Honig stärkt das Immunsystem.

Mittagessen

Powerfood für die Mittagspause

Grünkohlsalat mit Wurzelgemüse

Für 2 Portionen
3 mittlere Kartoffeln
1 Pastinake
1 Möhre
1 El Olivenöl
200 g Grünkohl
1 Tl Erdnussmus
1 El geröstetes Erdnussöl
1 El Aceto balsamico bianco
1 Tl Honig
Salz
Pfeffer
2 El Granatapfelkerne
2 El Erdnüsse

Zubereitungszeit: ca. 30 Minuten
Pro Portion ca. 360 kcal/1507 kJ
10 g E, 20 g F, 36 g KH

Backofen auf 200 °C vorheizen. Kartoffeln waschen und in Scheiben schneiden. Pastinake und Möhre putzen und in Scheiben schneiden. Das Gemüse mit Olivenöl vermengen, auf einem mit Backpapier ausgelegten Backblech verteilen und ca. 30 Minuten auf der mittleren Schiene im Ofen backen.

Inzwischen den Grünkohl waschen, putzen, in mundgerechte Stücke zupfen und in eine Schale geben. Erdnussmus, Erdnussöl, Balsamico und Honig zu einem Dressing vermischen. Für eine flüssigere Konsistenz nach Belieben Wasser zugeben. Mit Salz und Pfeffer abschmecken.

Das Ofengemüse mit Salz und Pfeffer würzen, dann mit dem Grünkohl und dem Dressing vermengen. Den Salat mit Granatapfelkernen und Erdnüssen bestreut servieren.

Detox-Effekt:
Grünkohl enthält jede Menge Vitamin A, das wichtig für das Immunsystem ist und Vitamin C, das die Körperzellen und Zellwände schützt.

Reissalat
Mango-Avocado

Für 2 Portionen
25 g Wildreis
25 g Naturreis
2 El Mandeln
1 kleine reife Mango
1 reife Avocado
½ kleines Bund Koriander
1 rote Zwiebel
1 kleine Chili
2 unbehandelte Limetten
4 El Rapsöl
Salz

Zubereitungszeit: ca. 60 Minuten
Pro Portion ca. 560 kcal/2345 kJ
8 g E, 40 g F, 45 g KH

Beide Reissorten jeweils nach Packungsanweisung garen. In der Zwischenzeit die Mandeln in einer Pfanne ohne Fett goldbraun anrösten. Mango schälen, den Kern entfernen und das Fruchtfleisch würfeln. Avocado halbieren, vom Kern befreien und das Fruchtfleisch in Stücke schneiden. Koriander waschen, trocken schütteln, die Blättchen abzupfen und fein hacken. Zwiebel schälen und in Ringe schneiden.

Für das Dressing Chili waschen, entkernen und fein hacken. Die Schale der Limetten abreiben, dann die Früchte auspressen. Chili, Limettenschale und -saft und Rapsöl in einen Rührbecher geben. 1 El Mangowürfel zufügen und alles pürieren. Mit Salz abschmecken.

Reis, Mango und Avocado in Gläser schichten. Das Dressing darübergeben. Mit Mandeln, Koriander und Zwiebelringen bestreut servieren.

Detox-Effekt:
Wildreis enthält viele Nährstoffe wie beispielsweise Vitamin B2, das wichtig zur Abwehr von Krankheiten ist.

Salatwraps mit Hirsefüllung

Für 2 Portionen
100 g Hirse
1 Kopfsalat
½ Gurke
100 g bunte Cocktailtomaten
100 g Himbeeren
½ Bund Basilikum
1 unbehandelte Zitrone
5 El Olivenöl
Salz
Pfeffer
2 El Hüttenkäse

Zubereitungszeit: ca. 30 Minuten
Pro Portion ca. 460 kcal/1926 kJ
9 g E, 28 g F, 41 g KH

Detox-Effekt:

Hirse ist reich an Eisen. Dieses stärkt die Abwehrkräfte und ist zuständig für den Sauerstofftransport im Körper, macht agil und leistungsfähig. Das Vitamin C aus der Zitrone fördert die Eisenaufnahme.

Die Hirse in ein Sieb geben und waschen, bis das Wasser klar ist. Kurz in einem Topf anrösten, dann 300 ml Wasser dazugeben und aufkochen lassen. 10 Minuten bei geschlossenem Deckel leise köcheln lassen, dann die Herdplatte ausschalten und weitere 10 Minuten quellen lassen.

Inzwischen vorsichtig die großen äußeren Blätter des Salats abtrennen, waschen, trocken tupfen und beiseitelegen. Gurke waschen, längs halbieren und mit einem Löffel entkernen. Das Fruchtfleisch in dünne Scheiben schneiden. Tomaten waschen, die Stielansätze entfernen und vierteln. Himbeeren vorsichtig waschen und trocken tupfen. Basilikumblättchen abzupfen, waschen, trocken schütteln und in feine Streifen schneiden. Zitrone heiß abspülen, die Schale abreiben und den Saft einer Zitronenhälfte auspressen.

Für das Dressing 1 El Himbeeren zusammen mit Zitronensaft und Olivenöl in einen Rührbecher geben und glatt pürieren. Mit Salz und Pfeffer abschmecken.

Die Hirse mit Gurken, Tomaten, den restlichen Himbeeren, Basilikum, Zitronenschale, Hüttenkäse und Dressing vermengen. Die Salatblätter ggf. mit einem Fleischklopfer flach klopfen. Jeweils etwas Hirsefüllung mittig in einem Längsstreifen auf den Blättern platzieren, dabei das untere Drittel freilassen. Das untere, freigelassene Salatblatt nach oben über die Füllung klappen, dann die linke und rechte Seite ebenfalls über die Füllung klappen, so dass ein Wrap entsteht.

Couscous mit Ofengemüse

Für 2 Portionen
1 Möhre
1 Zucchini
1 kleine Aubergine
1 rote Zwiebel
3–4 Knoblauchzehen
3 El Olivenöl
Salz
1 unbehandelte Orange
150 g Couscous
½ Tl Zimt
1 Tl Kurkuma
2 Tl Kreuzkümmel
1 Msp. Chilipulver
3 getrocknete Pflaumen
½ Dose Kichererbsen
(Abtropfgewicht 240 g)
2 Stängel Koriander

Zubereitungszeit: ca. 55 Minuten
Pro Portion ca. 620 kcal/2596 kJ
22 g E, 20 g F, 86 g KH

Backofen auf 200 °C vorheizen. Möhre schälen, putzen und schräg in Scheiben schneiden. Zucchini waschen, putzen, längs vierteln und in Stücke schneiden. Aubergine waschen, putzen und ebenfalls in Stücke schneiden. Zwiebel schälen und in Ringe schneiden. Knoblauch schälen. Alles gründlich mit Öl vermengen, auf ein mit Backpapier ausgelegtes Backblech geben und 30–40 Minuten im Ofen garen. Dann mit Salz abschmecken.

Inzwischen die Schale der Orange abreiben, Saft auspressen. Couscous und Gewürze in eine Schale geben und mit 200 ml kochendem Wasser übergießen. 10 Minuten abgedeckt ziehen lassen, nach der Hälfte der Zeit den Orangensaft zugeben. Pflaumen klein hacken. Kichererbsen abgießen und unter fließendem Wasser abspülen. Koriander waschen, trocken schütteln, Blättchen abzupfen und klein hacken.

Den Couscous mit der Orangenschale, den Pflaumen und den Kichererbsen vermischen. Mit Salz abschmecken. Couscous mit dem Ofengemüse und mit Koriander bestreut servieren.

Detox-Effekt:
Das leichte Gericht entlastet den Körper und reichlich Gemüse versorgt ihn mit Vitalstoffen. Kichererbsen und getrocknete Pflaumen sind reich an Ballaststoffen und fördern die Verdauung.

Fenchel-Apfel-Salat auf Roter Bete

Für 2 Portionen
1 kleine Rote Bete
½ kleiner Fenchel
2 kleine Äpfel
2 Tl Apfelessig
3 El Kürbiskernöl
1 Tl Honig
Salz
Pfeffer

Zubereitungszeit: ca. 15 Minuten
Pro Portion ca. 260 kcal/1088 kJ
2 g E, 15 g F, 27 g KH

Rote Bete (am besten mit Einmalhandschuhen) waschen, putzen und schälen, dann auf einer Gemüsereibe in feine Scheiben hobeln. Fenchel gründlich waschen und putzen. Etwas Fenchelgrün für die Dekoration beiseitelegen, den Fenchel fein hobeln. Äpfel waschen, putzen, nach Belieben schälen und ebenfalls fein hobeln.

Essig, Öl und Honig zu einem Dressing verrühren, mit Salz und Pfeffer abschmecken. Die Rohkost auf einer Platte anrichten, mit dem Dressing beträufeln und mit etwas Fenchelgrün garniert servieren.

Detox-Effekt:
Rohkost enthält viel mehr Enzyme und Nährstoffe als gegartes Essen. Enzyme unterstützen den Körper beim Entgiften und bei der Immunabwehr.

Feldsalat mit Krabben

Für 2 Portionen
100 g Brombeeren
1 Zweig Rosmarin
1 Tl Aceto balsamico
3 El Olivenöl
2 Tl Honig
Salz
Pfeffer
100 g Feldsalat
1 große Möhre
100 g küchenfertige Nordseekrabben (alternativ Garnelen)
1 El kernige Haferflocken

Zubereitungszeit: ca. 25 Minuten
Pro Portion ca. 260 kcal/1088 kJ
12 g E, 17 g F, 18 g KH

Brombeeren vorsichtig waschen und trocken tupfen. Rosmarin waschen, trocken schütteln, Nadeln abzupfen und fein hacken. 1 El Brombeeren mit Balsamico, Öl, Honig und Rosmarin zu einem Dressing pürieren. Mit Salz und Pfeffer abschmecken.

Den Feldsalat waschen und trocken schütteln. Möhre putzen, nach Belieben schälen und schräg in dünne Scheiben schneiden. Krabben unter fließendem Wasser abspülen und trocken tupfen. Haferflocken in einer Pfanne ohne Fett goldbraun anrösten.

Den Feldsalat mit Möhren, den restlichen Brombeeren, Krabben und Haferflocken anrichten und mit Dressing beträufelt servieren.

Detox-Effekt:
Beeren sind reich an Antioxidanzien. Diese schützen die Körperzellen vor freien Radikalen, die die Entstehung verschiedenster Krankheiten wie Bluthochdruck, Demenz bis hin zu Krebs begünstigen.

Kichererbsen-Salat mit Avocado

Für 2 Portionen
100 g getrocknete Kichererbsen
1 Scheibe Pumpernickel
1 El Olivenöl
1 rote Chili
1 Avocado
2 El Zitronensaft
2 unbehandelte Saftorangen
150 g Naturjoghurt (3,5 % Fett)
Salz
Pfeffer
100 g Pflücksalat
1 rote Zwiebel

Zubereitungszeit: ca. 90 Minuten
(plus Einweichzeit)
Pro Portion ca. 470 kcal/1968 kJ
16 g E, 24 g F, 46 g KH

Kichererbsen mindestens 12 Stunden in der dreifachen Menge Wasser einweichen. Dann mit klarem Wasser abspülen und in einen Topf geben. Mit Wasser bedecken und etwa 90 Minuten köcheln lassen. Kichererbsen in ein Sieb abgießen und die äußere Haut mit einem Küchentuch abreiben.

Inzwischen den Pumpernickel sehr fein würfeln. Olivenöl in eine Pfanne geben und die Pumpernickelwürfel darin rösten, dabei gelegentlich wenden.

Chili waschen, entkernen und fein hacken. Avocado schälen, halbieren und das Fruchtfleisch in Scheiben schneiden. Avocado mit Zitronensaft und Chili in eine Schale geben und marinieren.

Für das Dressing Schale der Saftorangen abreiben, die Orangen dann auspressen. Saft und Schale mit Joghurt verrühren und mit Salz und Pfeffer abschmecken. Ggf. mit etwas Wasser verdünnen.

Salat waschen, trocken schütteln und in eine Schale geben. Zwiebel schälen und in feine Ringe schneiden. Salat mit Kichererbsen, Avocado, Zwiebelringen und Dressing anrichten. Mit Pumpernickelwürfeln bestreut servieren.

Detox-Effekt:
Chili unterstützt den Körper beim Entgiften und regt die Durchblutung an. Die Carotinoide in der Orange schützen die Körperzellen.

Nori-Röllchen mit Hummus

Für 2 Portionen
2 große Champignons
2 El geröstetes Sesamöl
1 Msp. Chilipulver
1 Tl Sesam
50 g Kichererbsen (aus der Dose)
50 ml Orangensaft
1 Prise gemahlener Kreuzkümmel
1 Msp. Salz
1 Möhre
1 rote Spitzpaprika
4 große Blätter frischer Spinat
2–4 Noriblätter
körniges Meersalz

Zubereitungszeit: ca. 25 Minuten
Pro Portion ca. 190 kcal/795 kJ
5 g E, 12 g F, 15 g KH

Champignons putzen und in dünne Scheiben hobeln. Mit Sesamöl, Chilipulver und Sesam vermischen und beiseitestellen.

Für das Hummus Kichererbsen in ein Sieb abgießen und mit kaltem Wasser abspülen. In eine Schale geben, Orangensaft, Kreuzkümmel und Salz zugeben und alles mit dem Pürierstab fein pürieren.

Die Möhre putzen und in kleine Stücke schneiden. Paprika waschen, putzen und ebenfalls in kleine Stücke schneiden. Spinat waschen und in Streifen schneiden.

Die Noriblätter mit der glatten Seite auf die Arbeitsfläche legen. Hummus daraufstreichen und das Gemüse darauf verteilen, dabei an den Außenkanten jeweils 2 cm frei lassen. Mit Meersalz bestreuen. Die Verschlusskanten jeweils mit etwas Wasser bepinseln und die Blätter aufrollen. Nach Belieben mit einem sehr scharfen Messer in Scheiben schneiden.

Detox-Effekt:
Das leichte Gericht entlastet den Körper und reichlich Gemüse und Algen versorgen ihn mit wichtigen Vitalstoffen.

Tipp!
Nori ist der Oberbegriff für rund 30 verschiedene Speisealgen. Im Handel sind Nori u.a. in gepresster und getrockneter Form als dünne Blätter erhältlich.

Graupensalat mit Kürbisspalten

Für 2 Portionen
100 g Graupen
500 g Cocktailtomaten
½ kleiner Hokkaido-Kürbis
1 Knoblauchzehe
6 El Olivenöl
50 g Rucola
1 Frühlingszwiebel
2 El Pinienkerne
4 Zweige Thymian
2 El Naturjoghurt
1 Tl Ahornsirup
1 El Aceto balsamico bianco
Salz
Pfeffer

Zubereitungszeit: ca. 35 Minuten
Pro Portion ca. 630 kcal/2638 kJ
14 g E, 37 g F, 60 g KH

Graupen in einem Topf mit ausreichend Wasser zum Kochen bringen und ca. 30 Minuten bei geschlossenem Deckel köcheln.

Backofen auf 200 °C vorheizen. Tomaten waschen und die Stielansätze entfernen. Kürbis waschen, putzen und in Spalten schneiden. Knoblauch schälen. Tomaten und Kürbis mit Olivenöl mischen, den Knoblauch dazupressen. Alles gut miteinander verrühren, dann auf einem mit Backpapier ausgelegten Backblech 15–20 Minuten backen.

Rucola waschen und trocken schütteln. Frühlingszwiebel waschen, putzen und in feine Ringe schneiden. Pinienkerne in einer Pfanne ohne Fett goldbraun rösten.

Für das Dressing den Thymian waschen, trocken schütteln und Blättchen abzupfen. Mit Joghurt, Ahornsirup und Balsamico mischen und mit Salz und Pfeffer abschmecken.

Die Graupen mit dem Ofengemüse, dem Rucola und den Frühlingszwiebeln anrichten. Das Dressing darübergeben und den Salat mit Pinienkernen bestreut servieren.

Detox-Effekt:
Das leichte Gericht entlastet den Körper und reichlich Gemüse versorgt ihn mit Vitalstoffen.

Putenbrustspieße
mit buntem Gemüse

Für 2 Portionen
2 Knoblauchzehen
1 rote Chili
150 g Putenbrust
1 Tl kleingehackter Ingwer
½ Tl Zimt
1 Tl Honig
3 El Rapsöl
300 g Kartoffeln
200 g Süßkartoffeln
200 g rote Paprika
200 g Zucchini
Salz

Zubereitungszeit: ca. 40 Minuten
(plus Marinier- und Garzeit)
Pro Portion ca. 420 kcal/1758 kJ
8 g E, 16 g F, 60 g KH

Knoblauch schälen und fein hacken. Chili waschen, halbieren, entkernen und ebenfalls fein hacken. Putenbrust waschen, trocken tupfen und in Würfel schneiden, dann mit Knoblauch, Chili, Ingwer, Zimt, Honig und Öl vermengen und abgedeckt mindestens 2 Stunden, am besten über Nacht, im Kühlschrank marinieren lassen.

Kartoffeln, Süßkartoffeln, Paprika und Zucchini gründlich waschen. Kartoffeln und Süßkartoffeln nach Belieben schälen, dann in kochendem Salzwasser bissfest garen. In Scheiben schneiden. Paprika und Zucchini putzen und ebenfalls in Scheiben schneiden.

Backofen auf 180 °C vorheizen. Fleisch und Gemüse abwechselnd auf gewässerte Schaschlikspieße stecken. Die Spieße auf einem Rost im Ofen unter gelegentlichem Wenden ca. 30 Minuten garen. Mit Salz bestreut servieren.

Detox-Effekt:
Chili unterstützt den Körper beim Entgiften und regt die Durchblutung an.

Sommerrollen mit Limetten-Dip

Für 2 Portionen
200 g Möhren
300 g Champignons
75 g frischer Spinat
4 El frische Sprossen, z.B. Alfalfasprossen
200 g Naturtofu
3 El Rapsöl
1 Tl Currypulver
Salz
8 Blätter Reispapier
6 Stiele Koriander
1 Stück Ingwer (ca. 3 cm)
1 Frühlingszwiebel
2 Stängel Zitronengras
1 unbehandelte Limette
1 Orange

Zubereitungszeit: ca. 35 Minuten
Pro Portion ca. 410 kcal/1716 kJ
25 g E, 22 g F, 27 g KH

Möhren schälen, putzen und in Stifte schneiden. Champignons putzen und in feine Scheiben hobeln, ggf. noch einmal durchschneiden. Spinat waschen, trocken schütteln und putzen. Sprossen waschen und trocken schütteln. Tofu in kleine Stücke schneiden, dann in 1 El Öl in einer beschichteten Pfanne kross anbraten. Zum Schluss mit Curry bestreuen und salzen.

Die Reispapierblätter auf eine trockene Unterlage legen und mit lauwarmem Wasser bepinseln (alternativ nacheinander in lauwarmes Wasser legen und darin quellen lassen). Jeweils 2–3 Spinatblätter in der Mitte des Reisblattes platzieren, so dass an allen Seiten 2–3 cm Platz ist. Möhren, Champignons und Tofu am unteren Ende des Spinats verteilen, die Sprossen darübergeben und alles bis zur Hälfte aufrollen. Die Seiten des Papiers nach innen feststecken und den Rest aufrollen.

Für den Dip den Koriander waschen, trocken schütteln und die Blätter abzupfen. Ingwer schälen und grob hacken. Frühlingszwiebel und Zitronengras waschen, putzen und grob in Stücke schneiden. Schale der Limette abreiben und die Orange auspressen. Limettenschale und Orangensaft mit den übrigen vorbereiteten Zutaten in einen Rührbecher geben und alles mit dem Pürierstab sehr fein pürieren. Die Röllchen mit dem Dip servieren.

Detox-Effekt:
Ingwer wirkt entzündungshemmend und fördert die Durchblutung.

Tipp!
Quinoa ist wie Amaranth ein Pseudogetreide mit stärkehaltigen Samen.

Quinoa-Salat mit Rotkohl

Für 2 Portionen
100 g Quinoa
½ Tl Salz
200 g Rotkohl
2 Möhren
1 Gurke
3 Stängel Koriander
2 El Sesam
2 Knoblauchzehen
½ rote Chili
1 Stück Ingwer (ca. 1 cm)
2 getrocknete Aprikosen
1 El Erdnussmus
2 El geröstetes Sesamöl
1 El Limettensaft

Zubereitungszeit: ca. 35 Minuten
Pro Portion ca. 430 kcal/1800 kJ
13 g E, 21 g F, 46 g KH

Quinoa in einem Sieb unter fließendem Wasser so lange spülen, bis das Wasser klar bleibt. In einem Topf 300 ml Wasser zum Kochen bringen, Quinoa und Salz zugeben, einmal aufkochen lassen, dann die Hitze reduzieren und zugedeckt etwa 15 Minuten köcheln lassen. Vom Herd nehmen und weitere 10 Minuten quellen lassen.

Inzwischen den Rotkohl waschen und putzen, dann auf einer Gemüsereibe in feine Streifen hobeln. Mit Salz in eine Schüssel geben und mit den Händen etwa 3 Minuten kräftig durchkneten. Möhren schälen, putzen und in feine Stifte schneiden. Gurke waschen, putzen und ebenfalls in feine Stifte schneiden. Koriander waschen, putzen und fein hacken. Sesam in einer Pfanne ohne Fett goldbraun anrösten.

Für das Dressing den Knoblauch schälen und grob hacken. Chili waschen, entkernen und grob hacken. Ingwer schälen und grob hacken. Aprikosen grob hacken. Alles zusammen mit Erdnussmus, Sesamöl und Limettensaft in ein hohes Gefäß geben und glatt pürieren. Mit Salz abschmecken. Nach Belieben etwas Wasser hinzufügen, damit das Dressing flüssiger wird.

Quinoa mit Rotkohl, Möhren, Gurken und dem Dressing mischen. Mit Koriander und Sesam bestreut servieren.

Detox-Effekt:
Chili unterstützt den Körper beim Entgiften und regt die Durchblutung an. Ingwer wirkt entzündungshemmend und fördert die Durchblutung.

Nachmittags-snack

Vitaminbomben für zwischendurch

Orangen-Mandelmilch
mit Kurkuma

Für 2 Portionen
1 El geschälte Mandeln
1 Stück Kurkuma (ca. 1 cm)
2 Orangen
2 El Honig
2 Tl Zimt
2 El Mandelmus
400 ml ungesüßte Mandelmilch

Zubereitungszeit: ca. 20 Minuten
Pro Portion ca. 220 kcal/921 kJ
5 g E, 11 g F, 23 g KH

Mandeln fein hacken oder mahlen und in einer Pfanne ohne Fett anrösten, bis sie aromatisch duften. Aus der Pfanne nehmen und beiseitestellen.

Kurkuma schälen und in kleine Stücke schneiden. In einem Blitzhacker sehr fein hacken. Orangen schälen und mit einem scharfen Messer die Filets herauslösen, dabei den austretenden Saft auffangen

Kurkuma, Orangenfilets und -saft mit Honig, Zimt und Mandelmus in einen Standmixer geben und glatt pürieren. Ggf. eine kleine Menge Wasser zufügen, um ein besseres Pürierergebnis zu erzielen.

Die Mandelmilch erwärmen und aufschäumen. Auf zwei hitzebeständige Gläser verteilen. Die Kurkumamasse vorsichtig hineingießen. Mit Mandeln bestreut servieren.

Detox-Effekt:

Mandeln sind vollgepackt mit Nährstoffen, wirken günstig auf den Cholesterinspiegel und die Immunabwehr. Kurkuma unterstützt die Gallenfunktion und hilft beim Entgiften. Außerdem nehmen Flüssigmahlzeiten dem Verdauungstrakt Arbeit ab. So kann Energie ins Entgiften fließen.

Rote-Bete-Smoothie

Für 2 Portionen
8 Rote-Bete-Blätter
1 Handvoll grüne Trauben
1 Mango
1 unbehandelte Avocado
1 Spritzer Zitrone

Zubereitungszeit: ca. 10 Minuten
Pro Portion ca. 250 kcal/1047 kJ
3 g E, 12 g F, 31 g KH

Rote-Bete-Blätter waschen, trocken tupfen, putzen und zerkleinern. Die Trauben waschen und vom Stiel zupfen. Die Mango schälen, das Fruchtfleisch vom Stein lösen und in Stücke schneiden. Die Avocado waschen, nicht schälen, halbieren, entkernen und das Fruchtfleisch klein schneiden.

Alles zusammen mit 1 Spritzer Zitrone und ca. 500 ml Wasser in einen geeigneten Mixer geben und schaumig pürieren.

Detox-Effekt:

Rote Bete ist bekannt für seine antioxidative- und entzündungshemmende Wirkung. Die roten Rüben unterstützen Galle und Leber beim Großreinemachen.

Tipp! Rote-Bete-Blätter finden Sie am ehesten auf dem Wochenmarkt oder beim Gemüsehändler.

Mangold-Smoothie

Für 2 Portionen
4 Blätter Mangold
1 Banane
300 g grüne Trauben
2 Orangen

Zubereitungszeit: ca. 15 Minuten
Pro Portion ca. 260 kcal/1088 kJ
5 g E, 1 g F, 52 g KH

Mangold waschen, putzen und die dicken Blattrippen entfernen. Die Blätter anschließend zerteilen. Die Banane schälen und in Stücke schneiden. Die Trauben waschen und abzupfen. Die Orangen schälen, dabei auch die weiße Haut entfernen. Die Früchte zerteilen.

Alles zusammen mit ca. 500 ml kaltem Wasser in einen geeigneten Mixer geben und schaumig pürieren.

Detox-Effekt:
Mangold ist wie alle grünen Blattgemüse reich an Chlorophyll. Dieses unterstützt die Leber bei der Ausleitung von Schwermetallen, Pestiziden und Toxinen.

Romana-Smoothie

Für 2 Portionen
8 Blätter Romana-Salat
4 Zweige Petersilie
2 Äpfel
1 Banane
1 Spritzer Zitronensaft

Zubereitungszeit: ca. 15 Minuten
Pro Portion ca. 150 kcal/628 kJ
1 g E, 0 g F, 34 g KH

Den Salat waschen, putzen und zerteilen. Die Petersilie waschen und grob zerzupfen. Die Äpfel waschen, nicht schälen, vierteln und entkernen. Die Banane schälen und in Stücke schneiden.

Alles mit einem Spritzer Zitronensaft und 750 ml kaltem Wasser in einem geeigneten Mixer schaumig pürieren.

Detox-Effekt:
Romana-Salat und Petersilie enthalten viel Chlorophyll, das u. a. zur Blutreinigung und Blutbildung beiträgt und den Körper bei der Entgiftung unterstützt.

Erdbeershake mit Chia-Samen

Für 2 Portionen
1 Tl geröstete, gesalzene Erdnüsse
1 Stängel frische Minze
400 g Erdbeeren
2 El Erdnussmus
3 Tl Chia-Samen
300 ml Vollmilch
Crushed Ice oder Eiswürfel nach Belieben

Zubereitungszeit: ca. 12 Minuten
Pro Portion ca. 250 kcal/1047 kJ
11 g E, 14 g F, 19 g KH

Erdnüsse fein hacken. Minze waschen, trocken schütteln, Blättchen abzupfen und fein hacken. Erdbeeren waschen, putzen und mit Erdnüssen, Minze, Erdnussmus, Chia-Samen und Milch in einen Standmixer geben und glatt pürieren. Nach Belieben mit Crushed Ice oder Eiswürfeln servieren.

Detox-Effekt:
Beeren enthalten viele Antioxidanzien. Diese schützen den Körper, indem sie freie Radikale fangen, die ansonsten verschiedenste Krankheiten auslösen könnten. Außerdem nehmen Flüssigmahlzeiten dem Verdauungstrakt Arbeit ab.

Tipp!
Besonders erfrischend wird der Shake, wenn Sie ihn mit gefrorenen Erdbeeren zubereiten.

Tipp!
Zur Zubereitung von grünen Smoothies ist ein Hochleistungsmixer empfehlenswert, der das zellulosereiche Material faserfrei zerkleinert.

Spinat-Smoothie

Für 2 Portionen
2 Handvoll Babyspinat
1 Stängel Pfefferminze
2 Nektarinen
2 Kiwis
1 Apfel

Zubereitungszeit: ca. 15 Minuten
Pro Portion ca. 160 kcal/670 kJ
3 g E, 0 g F, 32 g KH

Spinat waschen und putzen. Minze waschen. Nektarinen waschen, vierteln, entsteinen und in Stücke schneiden. Kiwis schälen und grob zerteilen. Apfel waschen, vierteln, entkernen und in Stücke schneiden.

Alle Zutaten in einen geeigneten Mixer geben. 500 ml kaltes Wasser dazugießen und alles auf höchster Stufe schaumig pürieren.

Detox-Effekt:

Das im Spinat enthaltene Chlorophyll gilt als natürliche Waffe gegen freie Radikale und Krebs. Es unterstützt den Körper u. a. dabei, Entzündungen entgegenzuwirken und sorgt für ein gesundes Gewebewachstum.

Grünkohl-Dattel-Smoothie

Für 2 Portionen
2–3 Grünkohlblätter
4 Datteln
1 Banane
1 Birne
½ Limette

Zubereitungszeit: ca. 10 Minuten
Pro Portion ca. 240 kcal/1005 kJ
2 g E, 1 g F, 52 g KH

Grünkohlblätter waschen, putzen, trocken tupfen und zerteilen. Die Datteln entkernen und klein schneiden. Die Banane schälen und in Stücke schneiden. Die Birne waschen, nicht schälen, vierteln, entkernen und das Fruchtfleisch in Stücke schneiden. Die Limette schälen.

Alles zusammen mit ca. 500 ml Wasser in einem geeigneten Mixer schaumig pürieren. Je nach Geschmack kann auch etwas mehr Wasser verwendet werden.

Detox-Effekt:
Grünkohl enthält jede Menge Vitamin A, das wichtig für das Immunsystem ist und Vitamin C, das die Körperzellen und Zellwände schützt.

Möhren-Fenchel-Smoothie

Für 2 Portionen
2 Handvoll Möhrengrün
1 Handvoll Fenchelgrün
2 Birnen
4 Datteln
5 gelbe Pflaumen

Zubereitungszeit: ca. 10 Minuten
Pro Portion ca. 260 kcal/1088 kJ
3 g E, 1 g F, 59 g KH

Möhrengrün und Fenchelgrün waschen. Die Birnen waschen, vierteln, das Kerngehäuse entfernen und das Fruchtfleisch in Stücke schneiden. Die Datteln entsteinen und klein schneiden. Die Pflaumen waschen, ebenfalls entsteinen und in Stücke schneiden.

Alle Zutaten in einen geeigneten Mixer geben. Ca. 500 ml Wasser dazugießen und alles schaumig pürieren.

Detox-Effekt:
Die im Fenchel enthaltenen ätherischen Öle haben eine verdauungsfördernde Wirkung und sorgen für die Durchspülung der Harnwege.

Tipp!
Seidentofu hat eine weiche cremige Konsistenz und lässt sich gut pürieren.

Heidelbeer-Smoothie
mit Seidentofu

Für 2 Portionen
3 Tl Leinsamen
200 g Seidentofu
200 g Heidelbeeren (frisch oder TK)
1 Banane
200 g ungesüßte Sojamilch
2 El Haselnussmus
Crushed Ice oder Eiswürfel nach Belieben

Zubereitungszeit: ca. 10 Minuten
Pro Portion ca. 290 kcal/1214 kJ
14 g E, 15 g F, 23 g KH

Leinsamen in einem Mörser grob zerstoßen. Seidentofu abtropfen lassen. Frische Heidelbeeren vorsichtig waschen und verlesen. Banane schälen und in Stücke schneiden.

Leinsamen, Tofu, Heidelbeeren, Bananen, Sojamilch und Haselnussmus in einen Standmixer geben und alles glatt pürieren. Für eine flüssigere Konsistenz ggf. noch etwas Wasser zugeben. Den Smoothie nach Belieben mit Crushed Ice oder Eiswürfeln servieren.

Detox-Effekt:

Beeren enthalten viele Antioxidanzien. Diese schützen den Körper, indem sie freie Radikale fangen, die ansonsten verschiedenste Krankheiten auslösen könnten. Außerdem nehmen Flüssigmahlzeiten dem Verdauungstrakt Arbeit ab. So kann die Energie ins Entgiften fließen.

Kopfsalat-Smoothie

Für 2 Portionen
½ Kopfsalat
4 Aprikosen
2 Äpfel
1 Banane
1 kleiner Zweig Rosmarin

Zubereitungszeit: ca. 15 Minuten
Pro Portion ca. 170 kcal/712 kJ
2 g E, 0 g F, 38 g KH

Den Salat waschen, putzen und grob zerteilen. Die Aprikosen waschen, entsteinen und klein schneiden. Die Äpfel waschen, nicht schälen, vierteln, das Kerngehäuse entfernen und das Fruchtfleisch in Stücke schneiden. Die Banane schälen und ebenfalls grob zerteilen. Rosmarin waschen, trocken schütteln, die Nadeln abzupfen und grob hacken.

Alle Zutaten zusammen mit ca. 500 ml kaltem Wasser in einem geeigneten Mixer schaumig pürieren.

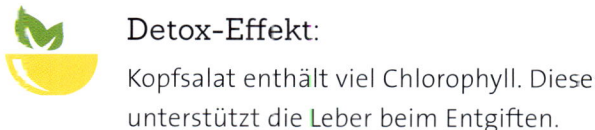

Detox-Effekt:
Kopfsalat enthält viel Chlorophyll. Dieses unterstützt die Leber beim Entgiften.

Apfel-Möhren-Smoothie

Für 2 Portionen
1 Grapefruit
2 süße Äpfel
200 ml Möhrensaft
100 ml naturtrüber Apfelsaft
2 Tl Ahornsirup
1 El Haferschmelzflocken
Eiswürfel oder Zimt nach Belieben

Zubereitungszeit: ca. 10 Minuten
Pro Portion ca. 200 kcal/837 kJ
2 g E, 0 g F, 43 g KH

Grapefruit auspressen. Äpfel waschen, entkernen und fein würfeln. Grapefruitsaft und Apfelwürfel mit Möhrensaft, Apfelsaft, Ahornsirup und Haferschmelzflocken in einen Mixer geben und alles glatt pürieren.

Im Sommer machen Sie aus dem Smoothie mit ein paar Eiswürfeln einen erfrischenden Drink; im Winter verleihen Sie ihm mit einer Prise Zimt eine weihnachtliche Note.

Detox-Effekt:
Grapefruit unterstützt den Fettstoffwechsel der Leber. Außerdem nehmen Flüssigmahlzeiten dem Verdauungstrakt Arbeit ab. So kann Energie ins Entgiften fließen.

Mango-Kokos-Smoothie

Für 2 Portionen
1 Mango
1 Limette
1 El Tahin (Sesampaste)
500 ml Kokoswasser
Crushed Ice oder Eiswürfel nach Belieben

Zubereitungszeit: ca. 10 Minuten
Pro Portion ca. 240 kcal/1005 kJ
3 g E, 13 g F, 26 g KH

Die Mango schälen, das Fruchtfleisch mit einem flachen Messer dicht am Stein entlang ablösen und würfeln. Die Limette auspressen.

Mangowürfel, Limettensaft, Tahin und Kokoswasser in einen Standmixer geben und alles glatt pürieren. Für eine flüssigere Konsistenz ggf. noch etwas Wasser zugeben. Den Smoothie nach Belieben mit Crushed Ice oder Eiswürfeln servieren.

Detox-Effekt:
Kokoswasser enthält viel Kalium und wirkt dadurch blutdrucksenkend. Außerdem nehmen Flüssigmahlzeiten dem Verdauungstrakt Arbeit ab. So kann die Energie ins Entgiften fließen.

Tipp! Durch das Pürieren werden die Härchen der Brennnessel zerstört, die das Brennen verursachen.

Wildkräuter-Smoothie

Für 2 Portionen
1 Handvoll kleine Löwenzahnblätter
1 Handvoll Brennnesselblätter
½ Handvoll Malvenblätter (ersatzweise zarte Apfel- oder Kirschbaumblätter)
1 El Petersilie
2 Pfirsiche
2 Orangen
1 Banane

Zubereitungszeit: ca. 15 Minuten
Pro Portion ca. 220 kcal/922 kJ
5 g E, 1 g F, 44 g KH

Die Löwenzahnblätter waschen, putzen und grob zerteilen. Brennnesselblätter mit Handschuhen abbrausen und zusammen mit dem Löwenzahn in einen geeigneten Mixer geben. Die Malvenblätter und die Petersilie waschen und ebenfalls dazugeben.

Die Pfirsiche waschen, entsteinen und in Stücke schneiden. Die Orangen samt der weißen Haut schälen, die Früchte zerteilen und die Kerne herauslösen. Die Banane schälen und grob zerteilen. Das Obst zu den Blättern in den Mixer geben und alles zusammen mit ca. 500 ml Wasser schaumig pürieren.

Detox-Effekt:
Löwenzahnblätter enthalten wertvolle Senföle und Bitterstoffe, die dazu beitragen, schädliche Stoffwechselabfallprodukte aus dem Körper zu entfernen. Brennnesselblätter haben entzündungshemmende Wirkung und helfen dabei, Giftstoffe auszuschwemmen.

Wirsing-Smoothie

Für 2 Portionen
4 Blätter Wirsing
2 El Walnüsse
500 g Ananas
2 Handvoll Litschis
1 Banane

Zubereitungszeit: ca. 15 Minuten
Pro Portion ca. 380 kcal/1591 kJ
5 g E, 8 g F, 66 g KH

Die Wirsingblätter waschen und grob zerteilen. Die Walnüsse grob hacken. Die Ananas waschen, schälen, den harten Mittelstrunk entfernen und das Fruchtfleisch in Stücke schneiden. Die Litschis von der Schale befreien, die Kerne herauslösen und das Fruchtfleisch klein schneiden. Die Banane schälen und in Stücke schneiden.

Alle Zutaten in einen geeigneten Mixer geben und zusammen mit ca. 500 ml kaltem Wasser schaumig pürieren.

Detox-Effekt:
Wirsing enthält sehr viel Vitamin C sowie wertvolle Mineralstoffe wie beispielsweise Eisen und Magnesium und ist dabei sehr kalorienarm.

Kohlrabi-Smoothie

Für 2 Portionen
5 Kohlrabiblätter
2 Stangen Staudensellerie
½ rote Chilischote
2 Tomaten
½ Zitrone
2 Äpfel

Zubereitungszeit: ca. 15 Minuten
Pro Portion ca. 90 kcal/377 kJ
2 g E, 0 g F, 16 g KH

Die Kohlrabiblätter waschen und grob zerkleinern. Staudensellerie waschen, putzen und in Stücke schneiden. Die Chilischote waschen, halbieren, entkernen und hacken. Die Tomaten waschen, den Stielansatz entfernen und das Fruchtfleisch grob zerteilen. Die Zitrone schälen. Die Äpfel waschen, nicht schälen, vierteln, das Kerngehäuse entfernen und das Fruchtfleisch in Stücke schneiden.

Alle Zutaten zusammen mit ca. 500 ml kaltem Wasser in einen geeigneten Mixer geben und schaumig pürieren.

Detox-Effekt:
Kohlrabiblätter haben gegenüber der Knolle einen etwa doppelt so hohen Gehalt an Vitamin C, das beim Entgiften eine sehr große Rolle spielt. Es neutralisiert die freien Radikale, stärkt die Immunabwehr und sorgt für ein straffes Gewebe.

Abendessen

Wellnessgerichte für abends

Pak-Choi-Pfanne
mit Tofu und Pilzen

Für 2 Portionen
½ unbehandelte Zitrone
1 Stück Ingwer (ca. 1 cm)
1 Tl Honig
3 El geröstetes Sesamöl
½ Tl Salz
200 g Naturtofu
2 Baby-Pak-Choi
250 g kleine, braune Champignons
1 Zwiebel
2 Knoblauchzehen
1 Msp. Chilipulver
3 El Sesam

Zubereitungszeit: ca. 25 Minuten
(plus Zeit zum Ziehen und Garzeit)
Pro Portion ca. 220 kcal/922 kJ
13 g E, 12 g F, 11 g KH

Zitrone heiß abwaschen, Schale abreiben und Saft auspressen. Ingwer schälen und sehr fein hacken. Zitronenschale, Zitronensaft und Ingwer mit Honig, 1 El Öl und Salz zu einer Marinade verrühren. Tofu aus der Packung nehmen, abtropfen lassen und klein würfeln. Mit der Marinade vermengen und abgedeckt ca. 30 Minuten durchziehen lassen.

Den Pak Choi waschen, putzen und in kleine Streifen schneiden. Champignons putzen, ggf. halbieren. Zwiebel und Knoblauch schälen und fein hacken. Pilze in eine heiße Pfanne geben und ohne Fett unter gelegentlichem Rühren braun anbraten, bis die ausgetretene Flüssigkeit wieder verdampft ist. Pilze aus der Pfanne nehmen.

Das restliche Öl in die Pfanne geben. Zwiebeln und Knoblauch darin anrösten. Tofu zugeben und bei mittlerer Hitze unter gelegentlichem Wenden ca. 10 Minuten kross anbraten. Pak Choi zugeben, salzen, Chili zugeben und alles weitere 10 Minuten braten, bis der Pak Choi gar ist. Zum Schluss die Champignons wieder dazugeben und kurz in der Pfanne erwärmen. Mit Sesam bestreut servieren.

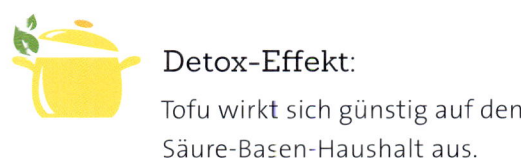

Detox-Effekt:
Tofu wirkt sich günstig auf den Säure-Basen-Haushalt aus.

Blumenkohl-Curry
mit Datteln

Für 2 Portionen
100 g Naturreis
1 Zwiebel
2 Knoblauchzehen
1 Blumenkohl
1 kleine Süßkartoffel
5 getrocknete Datteln
1 Chili
2 El geröstetes Sesamöl
300 ml natriumarme Gemüsebrühe
100 ml Kokosmilch (ungesüßt)
3 El Currypulver
½ unbehandelte Zitrone
Salz

Zubereitungszeit: ca. 35 Minuten
Pro Portion ca. 550 kcal/2303 kJ
14 g E, 13 g F, 90 g KH

Den Reis nach Packungsanweisung garen. In der Zwischenzeit Zwiebel und Knoblauch schälen und fein hacken. Blumenkohl waschen, putzen und die Röschen abtrennen. Süßkartoffel waschen, schälen und klein würfeln. Datteln in feine Streifen schneiden. Chili waschen, halbieren, entkernen und fein hacken.

Öl in einer Pfanne erhitzen und Zwiebeln und Knoblauch darin glasig andünsten. Blumenkohlröschen, Süßkartoffelwürfel und Datteln zugeben und alles mit Brühe und Kokosmilch bedecken. Chili und Curry zugeben und alles ca. 15 Minuten unter gelegentlichem Rühren köcheln lassen. Ggf. etwas Wasser zugeben. Die Schale der Zitrone abreiben und unter das Curry mischen. Mit Salz abschmecken. Das Curry mit dem Reis servieren.

Detox-Effekt:
Chili unterstützt den Körper beim Entgiften und regt die Durchblutung an.

Wintergemüse mit Bulgur

Für 2 Portionen
6 El Bulgur
3 El frische Sprossen, z. B. Mungobohnensprossen
100 g Rosenkohl
100 g Hokkaido-Kürbis
1 rote Zwiebel
100 g Champignons
1 Möhre
4 Stängel glatte Petersilie
4 El Olivenöl
Salz
Pfeffer

Zubereitungszeit: ca. 35 Minuten
Pro Portion ca. 340 kcal/1424 kJ
9 g E, 21 g F, 29 g KH

Bulgur in eine Schale geben, mit kochendem Wasser übergießen und 20 Minuten abgedeckt ziehen lassen. Sprossen unter fließendem Wasser abspülen, dann in einem Sieb abtropfen lassen.

In der Zwischenzeit den Rosenkohl waschen, putzen und halbieren. Kürbis waschen, putzen und in Stücke schneiden. Zwiebel schälen und in Ringe schneiden. Champignons putzen und vierteln. Möhre waschen, putzen und schräg in Scheiben schneiden. Petersilie waschen, trocken schütteln, Blättchen abzupfen und klein hacken.

Eine Pfanne erhitzen und die Champignons darin ohne Fett anbraten, bis das ausgetretene Wasser wieder verdampft ist. In eine feuerfeste Form geben und im Backofen bei 50 °C warmhalten. 1 El Olivenöl in die Pfanne geben und die Zwiebeln darin anbraten. Zu den Champignons geben. Wieder 1 El Öl in die Pfanne geben und den Rosenkohl darin ca. 7 Minuten unter Rühren scharf anbraten, bis er weich, aber noch bissfest ist. Ebenfalls zu den Champignons geben. Wieder 1 El Olivenöl in die Pfanne geben und den Kürbis ca. 5 Minuten unter Rühren scharf darin anbraten, sodass er weich, aber bissfest ist. Zu den Champignons geben. Das restliche Olivenöl in die Pfanne geben und die Möhren ca. 7 Minuten unter Rühren scharf anbraten, so dass sie weich, aber bissfest sind. Unter das restliche Gemüse rühren.

Das Gemüse mit Salz und Pfeffer abschmecken und mit dem Bulgur anrichten. Mit Sprossen und Petersilie bestreut servieren.

Detox-Effekt:
Das leichte Gericht entlastet den Körper und reichlich Gemüse versorgt ihn mit Vitalstoffen.

Fenchel-Kohl-Eintopf

Für 2 Portionen
1 Knoblauchzehe
1 Zwiebel
1 Fenchel
200 g Weißkohl
2 Möhren
3 Kartoffeln
1 Chili
1 Bund Petersilie
6 El Rapsöl
1 l natriumarme Gemüsebrühe
425 g stückige Tomaten (aus der Dose)
2 El Zitronensaft
1 Lorbeerblatt
½ Tl gemahlener Liebstöckel
2 El Kreuzkümmel
Salz

Zubereitungszeit: ca. 25 Minuten (plus Garzeit)
Pro Portion ca. 590 kcal/2470 kJ
12 g E, 40 g F, 45 g KH

Knoblauch und Zwiebel schälen und fein hacken. Fenchel waschen, putzen und in Streifen schneiden. Kohl waschen, putzen, den Strunk entfernen und den Kohl in Streifen schneiden. Möhren und Kartoffeln gründlich waschen, putzen und in Stifte schneiden. Chili waschen, entkernen und fein hacken. Petersilie waschen, Blättchen abzupfen und fein hacken.

2 El Rapsöl in einem großen Topf erhitzen. Knoblauch und Zwiebeln darin anrösten. Fenchel zugeben. Weitere 2 El Öl zugeben und den Fenchel 3 Minuten anbraten. Dann den Kohl zufügen und weitere 3 Minuten anbraten. Restliches Öl zugeben und Möhren und Kartoffeln zufügen. Weitere 3 Minuten anbraten. Mit Gemüsebrühe ablöschen. Chili, Tomaten, Zitronensaft, Lorbeerblatt, Liebstöckel und Kreuzkümmel zugeben und alles bei geschlossenem Deckel 20–30 Minuten köcheln lassen. Mit Salz abschmecken. Den Eintopf mit Petersilie bestreut servieren.

Detox-Effekt:

Gerichte mit viel Flüssigkeit entlasten den Körper und helfen beim Entgiften. Chili unterstützt den Körper beim Entgiften und regt die Durchblutung an.

Tipp!
In Asien gilt die Goji-Beere als Frucht des Wohlbefindens und der Lebenskraft.

Ofengemüse mit Goji-Creme

Für 2 Portionen
1 Romanesco, 3 Möhren
6 El Olivenöl
Salz, Pfeffer
2 El schwarze Linsen (Belugalinsen)
1 El getrocknete Goji-Beeren
1 El Apfelessig, 1 Tl Tahin
1 Tl klein gehackter Ingwer
1 Tl Honig
2 El Apfelsaft
2 El Sesam
½ Rettich, 1 Birne
1 Avocado, 2 Zweige Thymian

Zubereitungszeit: ca. 45 Minuten
Pro Portion ca. 660 kcal/2763 kJ
15 g E, 50 g F, 41 g KH

Detox-Effekt:
Ingwer wirkt entzündungshemmend und fördert die Durchblutung. Goji-Beeren enthalten viele Vitalstoffe und Antioxidanzien. Sie wirken positiv auf das Immunsystem und die Darmflora.

Backofen auf 200 °C vorheizen. Romanesco waschen, putzen, kleine Röschen abtrennen. Möhren putzen und schräg in Scheiben schneiden. Gemüse auf ein mit Backpapier ausgelegtes Backblech geben und mit 3 El Olivenöl vermengen. Im Ofen auf der mittleren Schiene 30 Minuten backen. Dann mit Salz und Pfeffer abschmecken.

Inzwischen Linsen in einen Topf geben, mit 150 ml Wasser bedecken und bei geschlossenem Deckel ca. 20 Minuten köcheln lassen.

In der Zwischenzeit Goji-Beeren mit kochendem Wasser übergießen und einige Minuten einweichen lassen. Goji-Beeren mit Essig, Tahin, Ingwer, Honig, restlichem Olivenöl und Apfelsaft zu einer Creme pürieren. Mit Salz und Pfeffer abschmecken. Gegebenenfalls etwas Wasser zugeben, falls die Creme zu dick geworden ist.

Sesam in einer Pfanne ohne Fett goldbraun anrösten. Aus der Pfanne nehmen. Rettich schälen und auf einem Gemüsehobel in feine Scheiben hobeln. Birne waschen, putzen und ebenfalls auf einem Gemüsehobel in feine Scheibe hobeln. Avocado halbieren, entsteinen, Fruchtfleisch mit einem Löffel ausheben und in feine Streifen schneiden. Thymian waschen und Blättchen abzupfen. Rettich und Birnen dekorativ auf zwei Tellern anrichten. Jeweils etwas Ofengemüse, Avocado und Linsen darauf verteilen. Mit Goji-Beeren-Creme, Thymian und Sesam bestreut servieren.

Tipp!
Wer es lieber cremig mag, kann die Suppe vor Zugabe des Tofus auch mit einem Pürierstab fein pürieren.

Klare Mangoldsuppe
mit Tofu

Für 2 Portionen
500 g Mangold
5 Knoblauchzehen
1 Stück Kurkuma (ca. 1 cm)
1 Chili
1 Zitrone
100 g Seidentofu
2 El Olivenöl
750 ml natriumarme Gemüsebrühe
Meersalz

Zubereitungszeit: ca. 35 Minuten
Pro Portion ca. 180 kcal/754 kJ
10 g E, 13 g F, 5 g KH

Mangold waschen, trocken schütteln und putzen. Stiele abtrennen und sehr fein würfeln. Blätter in Streifen schneiden. Knoblauch schälen und in feine Scheiben hobeln. Kurkuma schälen und sehr fein hacken. Chili waschen, entkernen und sehr fein hacken. Zitrone auspressen. Tofu abtropfen lassen und würfeln.

Öl in einer Pfanne erhitzen, Knoblauch darin anbraten. Mangoldstiele zugeben und unter gelegentlichem Wenden weich werden lassen. Mangoldblätter, Kurkuma und Chili zugeben und kurz anschwitzen. Mit Gemüsebrühe und Zitronensaft ablöschen. Kurz aufkochen lassen, dann 5 Minuten weiterkochen lassen. Den Tofu dazugeben und kurz in der Suppe erwärmen. Zum Schluss mit Salz abschmecken.

Detox-Effekt:
Kurkuma unterstützt die Gallenfunktion und hilft beim Entgiften. Chili unterstützt den Körper beim Entgiften und regt die Durchblutung an. Gerichte mit viel Flüssigkeit entlasten den Körper und helfen beim Entgiften.

Gemüsepäckchen aus dem Ofen

Für 2 Portionen
300 g grüner Spargel
300 g Erdbeeren
3 Stängel Majoran
6 Stängel Thymian
4 Stängel Oregano
1 Limette
125 g Mozzarella
2 El Sesamöl
Pfeffer
grobes Meersalz

Zubereitungszeit: ca. 20 Minuten
(plus Garzeit)
Pro Portion ca. 340 kcal/1424 kJ
15 g E, 24 g F, 14 g KH

Backofen auf 200 °C vorheizen. Spargel waschen, im unteren Drittel schälen und in 1–2 cm große Stücke schneiden. Erdbeeren waschen, trocken tupfen, putzen und vierteln. Die Kräuter waschen und trocken schütteln. Die Blättchen von den Stielen zupfen, nach Belieben hacken. Limette auspressen. Mozzarella abtropfen lassen und in Stücke schneiden. Alle Zutaten mit dem Sesamöl in einer Schüssel vermischen. Mit Pfeffer abschmecken.

2 passende Stücke Backpapier auf die Arbeitsplatte legen. Je die Hälfte der Spargelmasse in der Mitte platzieren und die Päckchen verschließen. Die Päckchen in eine feuerfeste Form oder auf ein Backblech setzen und den Inhalt ca. 30 Minuten im Ofen auf der mittleren Schiene garen. Mit wenig Salz bestreut servieren.

Detox-Effekt:
Spargel regt die Nierentätigkeit an und hilft beim Entgiften. Beeren enthalten viele Antioxidanzien. Diese schützen die Körperzellen vor freien Radikalen, die die Entstehung verschiedenster Krankheiten wie Bluthochdruck, Demenz bis hin zu Krebs begünstigen.

Gefüllter Kabeljau mit Wurzelgemüse

Für 2 Portionen
1 Kabeljaufilet (ca. 300 g)
1 Knoblauchzehe
2–4 Stängel Minze
1 Mango
1–2 El Kokosflocken
1 El Quark
Salz, Pfeffer
1 Steckrübe
250 g Rosenkohl
1 rote Zwiebel, 1 Zitrone
1 Stück Ingwer (ca. 1 cm)
1 El Rapsöl
1 Msp. Chilipulver

Zubereitungszeit: ca. 40 Minuten
Pro Portion ca. 430 kcal/1800 kJ
37 g E, 11 g F, 40 g KH

Detox-Effekt:
Ingwer wirkt entzündungshemmend und fördert die Durchblutung. Kabeljau stärkt das Immunsystem und die Nerven, ist leicht verdaulich und entlastet den Magen-Darm-Trakt.

Kabeljau waschen und trocken tupfen. Am schmalen Ende ein Stück à ca. 40 g abschneiden und dieses grob würfeln. Knoblauch schälen und hacken. Minze waschen, trocken schütteln und die Blätter abzupfen. Mango schälen, den Kern entfernen und das Fruchtfleisch würfeln.

50 g Mango, klein geschnittenen Kabeljau, Knoblauch, Minze, Kokosflocken und Quark in einen Rührbecher geben und mit einem Pürierstab zu einer glatten Farce pürieren. Mit Salz und Pfeffer abschmecken.

Den Backofen auf 200 °C vorheizen. Das Kabeljaufilet an der Längsseite mit einem großen, flachen Messer horizontal einschneiden (nicht ganz durchschneiden), sodass eine Tasche entsteht. Die Farce darin verteilen, zuklappen und die Tasche mit Zahnstochern verschließen. Fest in Backpapier einschlagen, dann in eine feuerfeste Form setzen und im Ofen auf der mittleren Schiene 20–25 Minuten garen.

Inzwischen die Steckrübe waschen, schälen und in Stifte schneiden. Rosenkohl waschen, putzen und halbieren. Zwiebel schälen und in feine Ringe schneiden. Zitrone auspressen. Ingwer schälen und fein hacken. Einen Wok oder eine tiefe Pfanne heiß werden lassen. Öl hineingeben und die Steckrüben darin unter Rühren scharf anbraten. Nach 5 Minuten Rosenkohl und Zwiebelringe hinzugeben und 2–3 Minuten mitbraten. Zitronensaft, Ingwer, restliche Mango, Chilipulver und Salz zugeben und alles 10 Minuten bei mittlerer Hitze unter gelegentlichem Rühren fertig garen. Den Kabeljau aus dem Ofen nehmen, halbieren und auf dem Wok-Gemüse anrichten.

Soba-Nudeln mit Gemüse und Tofu

Für 2 Portionen
150 g Auberginen
1 Zwiebel
1 kleiner Radicchio
½ Bund Schnittlauch
50 g Kirschtomaten
100 g Räuchertofu
Salz
150 g Soba-Nudeln
4 El Olivenöl
2 El Weißweinessig
1 Tl Agavendicksaft
Pfeffer

Zubereitungszeit: ca. 30 Minuten
Pro Portion ca. 550 kcal/2303 kJ
21 g E, 25 g F, 60 g KH

Auberginen waschen, putzen und in kleine Würfel schneiden. Zwiebel schälen und fein hacken. Radicchio waschen, trocken schütteln, putzen und in Streifen schneiden. Schnittlauch waschen, trocken schütteln und in Ringe schneiden. Tomaten waschen, die Stielansätze entfernen und vierteln. Tofu abtropfen lassen und fein würfeln.

Salzwasser in einem Topf zum Kochen bringen und die Nudeln darin nach Packungsanweisung garen. Inzwischen 2 El Öl in einer Pfanne erhitzen und den Tofu darin bei mittlerer Hitze unter gelegentlichem Wenden knusprig braten. Herausnehmen und beiseitestellen.

Das restliche Öl in die Pfanne geben und die Zwiebeln darin bei mittlerer Hitze braun anbraten. Auberginenwürfel zugeben und 3 Minuten braten. Tomaten zugeben und alles mit Essig ablöschen. Agavendicksaft und Radicchio zugeben, salzen und pfeffern und 5 Minuten köcheln lassen.

Den Tofu unter das Gemüse mischen. Das Gemüse mit den Nudeln anrichten. Mit Schnittlauch bestreut servieren.

Detox-Effekt:
Das leichte Gericht entlastet den Körper und reichlich Gemüse versorgt ihn mit Vitalstoffen.

Tipp!
Soba-Nudeln sind eine japanische Nudelspezialität aus Buchweizen.

Asia-Hühnersuppe mit Soba-Nudeln

Für 2 Portionen
5 mittelgroße Champignons
1 rote Paprika
50 g Zuckererbsenschoten
1 Stück Ingwer (ca. 1 cm)
1 unbehandelte Zitrone
1 Stängel Zitronengras
1 Hähnchenbrustfilet (ca. 200 g)
50 g Soba-Nudeln
2 Frühlingszwiebeln
3 Stängel Koriander
2 El Sojasauce

Zubereitungszeit: ca. 25 Minuten
Pro Portion ca. 280 kcal/1172 kJ
33 g E, 2 g F, 30 g KH

Champignons abreiben, putzen und in dünne Scheiben hobeln. Paprika waschen, putzen und in feine Streifen schneiden. Zuckererbsenschoten waschen und die Enden abschneiden. Ingwer schälen und sehr fein hacken. Zitrone waschen und halbieren. 1 Hälfte auspressen, die andere Hälfte in dünne Scheiben schneiden. Zitronengras mit einem Fleischklopfer platt klopfen.

Zitronensaft, Zitronengras und Ingwer mit 750 ml Wasser zum Kochen bringen. Inzwischen das Hähnchenbrustfilet abbrausen, trocken tupfen und in feine Streifen schneiden. Nudeln, Paprika und Hähnchenstreifen in die Suppe geben und alles bei mittlerer Hitze 7 Minuten köcheln lassen.

Währenddessen die Frühlingszwiebeln waschen, putzen und schräg in Ringe schneiden. Zitronenscheiben, Zuckerschoten und Champignons in die Suppe geben und alles weitere 3 Minuten kochen. Koriander waschen, trocken schütteln, Blättchen abzupfen und fein hacken. Die Suppe mit Sojasauce abschmecken und mit Frühlingszwiebeln und Koriander bestreut servieren.

Detox-Effekt:
Das leichte Gericht entlastet den Körper und reichlich Gemüse versorgt ihn mit Vitalstoffen. Ingwer wirkt entzündungshemmend und fördert die Durchblutung.

Gefüllte Süßkartoffeln mit Quinoa

Für 2 Portionen
2 Süßkartoffeln
50 g Quinoa
Salz
1 Schalotte
200 g frischer Spinat
3 El Cashewkerne
1 weiche Avocado
2 El Olivenöl
Pfeffer
Muskatnuss
3 Tl Granatapfelkerne

Zubereitungszeit: ca. 70 Minuten
Pro Portion ca. 910 kcal/3810 kJ
19 g E, 31 g F, 133 g KH

Backofen auf 180 °C vorheizen. Süßkartoffeln gründlich waschen und trocken reiben, dann in Alufolie wickeln, auf ein Backblech legen und im Ofen auf der mittleren Schiene 60 Minuten backen.

In der Zwischenzeit Quinoa in einem Sieb unter fließendem Wasser so lange spülen, bis das Wasser klar bleibt. In einem Topf 150 ml Wasser zum Kochen bringen, Quinoa und etwas Salz zugeben, einmal aufkochen lassen, dann auf kleine Hitze reduzieren. Zugedeckt etwa 15 Minuten garen lassen.

Schalotte schälen und fein hacken. Spinat waschen, trocken schütteln, putzen und klein hacken. Cashewkerne fein hacken. Avocado schälen, den Kern entfernen und das Fruchtfleisch würfeln.

Öl in einer Pfanne erhitzen, Schalotten darin glasig anbraten, Spinat zugeben und anschwitzen, bis er etwas zusammenfällt. Mit Salz und Pfeffer abschmecken und etwas Muskatnuss darüberreiben.

Süßkartoffeln aus dem Ofen nehmen, halbieren und das Innere auslöffeln. In eine Schale geben, Avocado und Quinoa zufügen und alles mit einer Gabel zu einer glatten Masse vermengen. Mit Salz und Pfeffer abschmecken. Die Masse in die Süßkartoffeln füllen, Spinat und Granatapfelkerne darübergeben und mit Cashews bestreut servieren.

Detox-Effekt:
Süßkartoffeln enthalten viel Beta-Carotin und Vitamin E – beides schützt die Zellen. Beta-Carotin stärkt die Immunabwehr.

Tipp!
Die Wildkräutersaison beginnt im Frühling. Sammeln Sie nur Pflanzen, die Sie kennen!

Wildkräutersuppe

Für 2 Portionen

300 g gemischte Wildkräuter, z. B. Bärlauch, Löwenzahn, Brennnessel, Giersch, Sauerampfer, Sauerklee, Pimpinelle, Portulak, Borretsch (alternativ Rucola)
1 Schalotte
1 Knoblauchzehe
1 El Rapsöl
500 ml natriumarme Gemüsebrühe
100 ml Sahne
Salz
Pfeffer
1 Eigelb

Zubereitungszeit: ca. 20 Minuten
Pro Portion ca. 360 kcal/1507 kJ
11 g E, 29 g F, 15 g KH

Die Kräuter waschen und die Stiele entfernen. In kochendem Wasser eine Minute blanchieren. Kalt abschrecken und abtropfen lassen, dann fein hacken. Schalotte und Knoblauch schälen und fein hacken.

Öl in einem großen Topf erhitzen. Schalotten und Knoblauch darin glasig dünsten. Die Brühe dazugeben und einmal aufkochen lassen. 2 Tl Kräuter beiseitelegen, restliche Kräuter und Sahne in den Topf geben und unterrühren.

Die Suppe mit Salz und Pfeffer abschmecken, dann glatt pürieren. Etwas Suppe abnehmen und mit dem Eigelb verquirlen. In die Suppe rühren, bis diese leicht andickt. Die Suppe mit den restlichen Kräutern bestreuen und servieren.

Detox-Effekt:

Wildkräuter besitzen viele Antioxidanzien und sekundäre Pflanzenstoffe sowie Vitamine und Mineralstoffe. Das hilft dem Körper beim Entgiften und stärkt die Immunabwehr. Außerdem nehmen Flüssigmahlzeiten dem Verdauungstrakt Arbeit ab. So kann die Energie ins Entgiften fließen.

Getränke

Entschlackungstees & Co.

Zitrus-Gurken-Wasser
mit Minze

Für 1 Liter
½ unbehandelte Zitrone
¼ unbehandelte Salatgurke
2 Zweige Minze
Eiswürfel nach Belieben

Zubereitungszeit: ca. 10 Minuten
(plus Zeit zum Durchziehen)
Pro Liter ca. 10 kcal/42 kJ
0 g E, 0 g F, 2 g KH

Zitrone und Gurke gründlich waschen. Zitrone in Scheiben schneiden. Gurke mit einem Sparschäler in lange Streifen schneiden. Minze waschen.

Zitronenscheiben und Minze in eine Karaffe geben und mit einem Holzstößel leicht anstoßen. Gurkenstreifen zugeben und alles mit 1 l stillem Wasser aufgießen. Vor dem Servieren mindestens 15 Minuten durchziehen lassen. Nach Belieben mit Eiswürfeln servieren.

Detox-Effekt:
Gurken enthalten viele Mineralien und wirken feuchtigkeitsspendend. Zitronen regen die Verdauungsarbeit an.

Cranberry-Wasser
mit Himbeeren

Für 1 Liter
1 El frische Himbeeren
15 ml Cranberry-Muttersaft (Bioladen)
Eiswürfel nach Belieben

Zubereitungszeit: ca. 5 Minuten
Pro Liter ca. 5 kcal/21 kJ
0 g E, 0 g F, 1 g KH

Himbeeren vorsichtig waschen und verlesen. Cranberry-Muttersaft in eine Karaffe geben und mit 1 l stillem Wasser aufgießen. Die Himbeeren dazugeben. Das Cranberry-Wasser nach Belieben mit Eiswürfeln servieren.

Detox-Effekt:
Cranberrys enthalten viele sekundäre Pflanzenstoffe, die die Zellen schützen und sich günstig auf Gefäße und das Herz-Kreislauf-System auswirken.

Goji-Beeren-Tee
mit Honig

Für 2 Tassen
1 Zitrone
3 Tl getrocknete Goji-Beeren
2 Tl Sencha
(japanischer grüner Tee)
3 Tl Honig

Zubereitungszeit: ca. 10 Minuten
Pro Tasse ca. 30 kcal/126 kJ
0 g E, 0 g F, 7 g KH

Zitrone auspressen. 600 ml Wasser aufkochen und auf 85 °C abkühlen lassen. Goji-Beeren in ein vorgewärmtes Teekännchen geben. Sencha in ein Teesieb geben und in das Kännchen hängen. Das heiße Wasser aufgießen und den Tee 2 Minuten ziehen lassen.

Das Teesieb entfernen. Zitronensaft und Honig zugeben, alles gut verrühren und servieren.

Detox-Effekt:
Grüner Tee wirkt entgiftend und unterstützt die Immunabwehr. Er enthält reichlich Antioxidanzien und wirkt sich positiv auf den Säure-Basen-Haushalt aus.

Grapefruit-Wasser
mit Rosmarin

Für 1 Liter
½ Grapefruit
2 Zweige Rosmarin
Eiswürfel nach Belieben

Zubereitungszeit: ca. 5 Minuten
(plus Zeit zum Durchziehen)
Pro Liter ca. 10 kcal/42 kJ
0 g E, 0 g F, 2 g KH

Grapefruit auspressen. Rosmarin waschen, in eine Karaffe geben und mit einem Stößel sanft anstoßen. Grapefruitsaft dazugeben und alles mit 1 l stillem Wasser aufgießen.

Das Grapefruit-Wasser vor dem Servieren 15 Minuten durchziehen lassen. Nach Belieben mit Eiswürfeln servieren.

Detox-Effekt:
Die Grapefruit unterstützt den Fettstoffwechsel der Leber und damit die Entgiftung.

Kurkuma-Ingwer-Tee mit Chili

Für 2 Tassen
1 Stück Kurkuma (ca. 1 cm)
1 Stück Ingwer (ca. 1 cm)
1 Zitrone
1 Msp. Chilipulver
2 Tl Honig

Zubereitungszeit: ca. 10 Minuten
(plus Zeit zum Durchziehen)
Pro Tasse ca. 30 kcal/126 kJ
0 g E, 0 g F, 6 g KH

Kurkuma und Ingwer schälen und in feine Scheiben schneiden. Zitrone auspressen.

Kurkuma und Ingwer in ein Kännchen geben und mit 700 ml kochendem Wasser aufgießen. 5 Minuten ziehen lassen, dann Zitronensaft, Chili und Honig zugeben. Umrühren und weitere 5–10 Minuten ziehen lassen. Heiß servieren.

Detox-Effekt:
Ingwer wirkt entzündungshemmend und fördert die Durchblutung. Zitronen regen die Verdauungsarbeit an.

Beispiel-Detoxplan für 1 Woche

Tag 1

Frühstück	Mittagessen	Nachmittagssnack	Abendessen

Kokos-Quinoa mit Apfelraspeln (S. 39)	Kichererbsen-Salat mit Avocado (S. 53)	Heidelbeer-Smoothie mit Seidentofu (S. 79)	Blumenkohl-Curry mit Datteln (S. 93)

Tag 2

Frühstück	Mittagessen	Nachmittagssnack	Abendessen

Haferporridge mit Goji-Beeren (S. 35)	Salatwraps mit Hirsefüllung (S. 47)	Apfel-Möhren-Smoothie (S. 82)	Asia-Hühnersuppe mit Soba-Nudeln (S. 109)

Tag 3

Frühstück	Mittagessen	Nachmittagssnack	Abendessen

Bunter Obstsalat (S. 30)	Putenbrustspieße mit buntem Gemüse (S. 59)	Orangen-Mandelmilch mit Kurkuma (S. 67)	Soba-Nudeln mit Gemüse und Tofu (S. 106)

Detox-Wochenplan

Tag 4

Frühstück	Mittagessen	Nachmittagssnack	Abendessen

Kokos-Dinkelgrieß mit Blaubeeren (S. 21)	Fenchel-Apfel-Salat auf Roter Bete (S. 50)	Grünkohl-Dattel-Smoothie (S. 76)	Gefüllte Süßkartoffeln mit Quinoa (S. 111)

Tag 5

Frühstück	Mittagessen	Nachmittagssnack	Abendessen

Orangen-Milchreis mit Cranberrys (S. 33)	Couscous mit Ofengemüse (S. 49)	Erdbeershake mit Chia-Samen (S. 72)	Klare Mangoldsuppe mit Tofu (S. 101)

Tag 6

Frühstück	Mittagessen	Nachmittagssnack	Abendessen

Mango-Müsli mit Cranberrys (S. 22)	Quinoa-Salat mit Rotkohl (S. 63)	Rote-Bete-Smoothie (S. 63)	Pak-Choi-Pfanne mit Tofu und Pilzen (S. 91)

Tag 7

Frühstück	Mittagessen	Nachmittagssnack	Abendessen

Mandel-Chia-Pudding mit Apfelwürfeln (S. 27)	Sommerrollen mit Limetten-Dip (S. 60)	Mango-Kokos-Smoothie (S. 83)	Gefüllter Kabeljau mit Wurzelgemüse (S. 105)

Rezeptverzeichnis

A

Amaranth-Brei mit Bratbananen	36
Ananas-Kokos-Shake mit Haferflocken	31
Apfel-Möhren-Smoothie	82
Asia-Hühnersuppe mit Soba-Nudeln	109

B

Beerenjoghurt mit Nüssen	28
Birnen-Buttermilch mit Ingwer	25
Blumenkohl-Curry mit Datteln	93

C

Couscous mit Ofengemüse	49
Cranberry-Wasser mit Himbeeren	118

E

Erdbeershake mit Chia-Samen	72

F

Feldsalat mit Krabben	51
Fenchel-Apfel-Salat auf Roter Bete	50
Fenchel-Kohl-Eintopf	97

G

Gemüsepäckchen aus dem Ofen	102
Goji-Beeren-Tee mit Honig	119
Grapefruit-Wasser mit Rosmarin	121
Graupensalat mit Kürbisspalten	57
Grünkohlsalat mit Wurzelgemüse	43
Grünkohl-Dattel-Smoothie	76

H

Haferporridge mit Goji-Beeren	35
Heidelbeer-Smoothie mit Seidentofu	79

K

Kabeljau mit Wurzelgemüse, gefüllter	105
Kichererbsen-Salat mit Avocado	53
Kohlrabi-Smoothie	87
Kokos-Dinkelgrieß mit Blaubeeren	21
Kokos-Quinoa mit Apfelraspeln	39
Kopfsalat-Smoothie	81
Kurkuma-Ingwer-Tee mit Chili	122

Rezeptverzeichnis

M
Mandel-Chia-Pudding mit Apfelwürfeln	27
Mango-Kokos-Smoothie	83
Mango-Müsli mit Cranberrys	22
Mangold-Smoothie	70
Mangoldsuppe mit Tofu, klare	101
Möhren-Fenchel-Smoothie	77

N
Nori-Röllchen mit Hummus	54

O
Obstsalat, bunter	30
Ofengemüse mit Goji-Creme	99
Orangen-Mandelmilch mit Kurkuma	67
Orangen-Milchreis mit Cranberrys	33

P
Pak-Choi-Pfanne mit Tofu und Pilzen	91
Putenbrustspieße mit buntem Gemüse	59

Q
Quinoa-Salat mit Rotkohl	63

R
Reissalat Mango-Avocado	44
Romana-Smoothie	71
Rote-Bete-Smoothie	68

S
Salatwraps mit Hirsefüllung	47
Soba-Nudeln mit Gemüse und Tofu	106
Sommerrollen mit Limetten-Dip	60
Spinat-Smoothie	75
Süßkartoffeln mit Quinoa, gefüllte	111

W
Wildkräuter-Smoothie	85
Wildkräutersuppe	113
Wintergemüse mit Bulgur	94
Wirsing-Smoothie	86

Z
Zitrus-Gurken-Wasser mit Minze	117

Abkürzungen

cm = Zentimeter
E = Eiweiß
El = Esslöffel
F = Fett
g = Gramm
kcal = Kilokalorien
KH = Kohlenhydrate

kJ = Kilojoule
l = Liter
ml = Milliliter
Msp. = Messerspitze
TK = Tiefkühlprodukt
Tl = Teelöffel

Bildnachweis

Rezeptfotos:
TLC Fotostudio

Sonstige Fotos:
Fotolia.com: S. 9 © Konstantin Yuganov, S. 3 und S. 10 © michaeljung, S. 12 © contrastwerkstatt, S. 13 links © Ammentorp, S. 14 © Corinna Gissemann, S. 15 unten © sveta, S. 16 unten © womue, S. 16 oben © Africa Studio

Illustrationen:
© Anna Frajtova – Fotolia.com